謹呈
後藤新一様
高木

大蔵官僚の秘密

張り巡らされた人脈と出世レース

高本光雄

目次

一章　大蔵省人事の見どころ

新聞が予想記事を出すわけ

毎年春になると新聞は経済官庁の人事異動予想記事を出すのが通例になっている。これを〝新聞辞令〟といっている。新聞の書く予想記事だから、当たることもあれば当たらないこともある。書きたてられたご当人にしてみると、外面は冷静を装いながらも内心は一喜一憂というのが真実のようである。

今年、五十六年はまず日本経済新聞が「霞が関は人事の季節」（五十六年四月一日付）という見出しでいち早く出し、読売新聞は「霞が関経済官庁人事を占う」（五十六年四月十四日付）をややおくれて出し、朝日新聞はさらに時間をかけて「〝官僚の夏〟ちょっぴり異変」（五十六年四月三十日付）を記事にしている。

こういった見出しは毎年ほとんど変わることがない。変わるのは新聞社がどの見出しを採用するかという違いだけである。前の年の五十五年は日本経済新聞が他紙に先がけて「霞が関一足早い『人事の春』」（五十五年三月二十八日付）を打ち出し、朝日新聞は「はや『官僚たちの夏』」

（五十五年五月四日付）を書いている。五十四年の場合は、日本経済新聞が「霞が関は人事の春」（五十四年四月五日付）、朝日新聞は「経済官庁人事話ちらほら」（五十四年三月三十日付）をいち早く記事にしている。五十三年では朝日新聞が「霞が関は人事の春」（五十三年四月六日付）を出し、読売新聞が「〝霞が関人事〟を探る」（五十三年四月十二日付）、日本経済新聞は「霞が関は人事の季節」（五十三年四月九日付）といった具合で、記事の見出しをみると何のことはない、数年おきに同じ見出しが繰り返し出てきている格好だ。

この新聞辞令は、各社とも大蔵省をトップに出し、通商産業省・農林水産省・運輸省といったところはその後に回している。新聞社にとっては、それが当り前のようになっているわけだが、どうしてそういうことになるのかについては、各新聞社ともうまく説明できないのではないかと思う。結局のところ、大蔵省は、予算・税制・銀行・証券と経済の要衝を握っており、それを動かす人間が変わるということは、他の省庁以上に大きなニュースとなる。したがって、変わることが予定されているとなると、誰がどのように動くのかは興味の的になる。そこで新聞もそれを追跡し、予想記事を他紙に先がけて出すことが使命ともなるわけである。

しかし新聞に負けず劣らずその成行きを注視しているのが民間企業・金融機関である。かの有名な〝行政指導〟を受けない企業・銀行はないし、免許事業になるといちいち仕事の許認可のために役所へ日参する必要が出てくる。ブン屋さん顔負けの〝廊下とんび〟が往き来するのはそのためだ。こうして相手の顔を覚え、相手からも顔を覚えてもらって、こちらの存在を確認させることが廊下とんびの大事な役目となる。

民間と違って官庁のキャリア組は回転が早い。一年ないし二年でポストが変わる。こうなるとせっかく顔を覚えたと思ったら、また違った顔になるわけで、また新しく覚えなおさなければならない。新しく赴任してきてから知るのでは遅いから、どうしても異動前にその情報をキャッチしておく必要がある。局長級の上層部については役員にいち早く伝え、異動とともにそれなりの手筈をととのえる。課長以下の連中についてもその顔ぶれをキャッチし、対応に備える。

したがって、彼らは新聞・雑誌の予想記事には人一倍の関心をもち、会う人ごとにそれを話題に供して探りを入れるわけである。

次官・国税庁長官・財務官が注目の的

大蔵省の新聞辞令で話題に上るのは局長級以上の人に限られる。ときたま中二階の人が登場することがあるが、これは例外である。知名度の高くない人間の名前を出すことに新聞は抵抗があるからだ。

大蔵省の場合、次官・国税庁長官・財務官を主要トップとすると、主計・主税・理財・関税・銀行・証券・国際金融の各局長および官房長が中枢ポストということになる。また局長ポストに準ずるものとして日銀政策委員、外局になるが地位としては高いポストである造幣局長・印刷局長の二つがある。

次官はここのところ毎年変わっており、各年次から順送りで誕生する。せっかくのぼりつめた最高ポストにわずか一年しかないというのは、蛹から蟬脱したセミのようなもので、まことにはかない寿命でしかない。

もう少し前までは二年の任期だった。それが一年任期に変わったのは鳩山威一郎（昭16年前期組）のときからである。十六年組は太平洋戦争勃発直前の繰上げ卒業の関係で前期と後期の卒業生がおり、この組が両方で二年ずつ次官をやったのでは大変な人事の停滞になる。そこで鳩山は次官就任早々、自分は一年だけやり、あとの一年は後期組に譲るということを宣言した。それ以来各次官はいずれも一年で辞める慣例になっている。

しかし例外がないわけではない。竹内道雄（昭19年組）は二年つとめた。これは二十年組で次官候補といわれた佐藤吉男が四十七年に亡くなったため、同期の高橋英明・安川七郎らが

「俺たちの分を竹内にもう一年やってもらうよ」ということで、竹内が次官になった五十年に二人はさっさとOBになり、それで例外的に竹内が二年次官となったのである。

もちろんそうはいっても、人望がなければ先輩が黙っていないだろうし、そういう文句をつける人がいなかったということは、竹内の人柄を表わしているともいえる。二十年組とは若干事情が違うが二十三年前期組もついに次官を出さないで終った。この組は総勢一〇名で、少人数ながら粒がそろっていた。井上幸夫は主計局総務課長もやったが、四十九年に沖縄開発庁に回り、五十二年にそこの次官になった。辻敬一は文書課長をやり、主計局次長から経済企画庁官房長もつとめたから、いずれは本省の中枢ポストかと思われたが、五十一年に行政管理庁行きとなり、五十三年にそこの次官となって終った。磯辺律男は東京国税局長を経て五十二年に国税庁長官となり、三年間つとめあげて五十五年に辞めている。これも運とめぐり合わせでそうなったとしか説明できない。

次官にくらべると国税庁長官・財務官は二、三年つとめるのが通例になっており、一年で卒業する人は少ない。

現在の国税庁長官は渡部周治（昭25年組）で、五十六年の異動では無風地帯にあり、二年目に入った。もっとも磯辺の前の田辺博通（昭22年前期組）・中橋敬次郎（昭21年組）は一年で辞めており、例外がないわけではない。

財務官は対外折衝では副大蔵大臣の肩書がついており、経済大国となった今日ではかなり重要なポストになってきた。したがって、一年でクルクル変えてしまうわけにはいかなくなっている。

五十六年の定期異動で勇退した佐上武弘（昭23年後期組）の歩き方は異例づくめだったようだ。三年前に官房長から国際金融局長になることなく、いきなり財務官に就任した。財務官三年は佐上の前に柏木雄介（昭16年前期組）がいるから、異例ということはない。むしろ同期生が次官になると、普通は全部ＯＢになる建前になっているのに、佐上だけは田中敬（昭23年後期組）次官と一緒に現役として残ったことが、慣例重視の官僚の世界では異例であったといえる。佐上の後任は渡辺喜一（昭25年組）が、理財局長から昇格した。税であれ、金融であれ、外国語であれ、なんでもこなせる大蔵省の中の数少ないオールラウンド・プレイヤーで、早くから佐上のあとの財務官候補に挙げられていた。

佐上の前は松川道哉（昭22年前期組）が二年間財務官をつとめた。松川はＯＥＣＤ（経済協力開発機構）第三作業部会の部会長をつとめ、流暢な英語で欧米各国の経済外交官とわたり合った。財務官を辞めたあとも大蔵省顧問として残り、各国を歩き回った。五十五年七月に日興証券顧問におさまったが、松川ほどの人材はこのままに終るはずがない。やがて国際檜舞台に登場するときがくることは確実である。

いずれにせよ、次官・国税庁長官・財務官の三役が誰になるかはほぼ予想がつくようになっており、これまでのところ新聞辞令で外れたためしがない。

主計・主税は予想された人に

大蔵省の中枢ポストである各局長ポストのうち、主計と主税だけは数年前からそのポストにつくような歩き方をさせられるので、将来の局長候補とみられる予想がまず外れることはあまりない。

現主計局長の松下康雄（昭25年組）は、十年前の四十六年に秘書課長に就任した前後から将来の主計局長候補といわれていた。それを決定的にしたのは、五十年に主計局次長になったときで、三年後には官房長に就任、このときは二年後の主計局長を約束された。五十六年の異動では動かず、主計局長二年目に入り、五十七年の異動で次官に昇格することは確実である。

長岡実（昭22年後期組）も同じである。水田三喜男大蔵大臣（昭和三十五年～三十七年）のときの大蔵大臣秘書官事務取扱いをやって頭角を現わし、銀行局中小金融課長時代は海千山千の業者を心服させ、中小金融機関の合併転換法を制定してその手腕は高く評価された。そして四十四年に秘書課長となったとき、ほかのライバルに大きく差をつけ、将来の主計局長候補と目されるようになった。二年半ののち、主計局次長を経て経済企画庁官房長となり、五十年に本省の官房長となり、二年後には主計局長に就任した。

相沢英之（昭17年組）の主計歴は鳩山威一郎と並んで大蔵省のレコード・ホールダーとなっている。石原周夫（昭9年組）も主計局の主的存在で、主計局歴は十七年に及んでいるが、相沢・鳩山の二人は十八年ということになっているので、この点では石原もこの二人に頭があがらない。こういうキャリアからいっても、相沢は早くから主計局長候補にあげられていた。

終戦後ソ連に抑留され、復員したのは二十三年八月になってからで、主計局入りしたのは二十四年八月からであった。秘書課課長補佐を一年ほどやったことを除けばほとんど主計畑で過し、三十九年七月に主計局総務課長になり、翌年近畿財務局長になった。しかし一年で再び主計局次長となり、この時期に将来の主計局長候補の地位を固めた。三年後に経済企画庁官房長となり、ついで理財局長、そして四十六年に主計局長となった。

主税局長のポストは通常三年ぐらいつとめ上げることが前提となっているようである。これまでのところ例外は中橋敬次郎の一年だけで、高橋元（昭24年組）・大倉真隆（昭22年前期組）・

高木文雄（昭18年組）など歴代局長はみんな三年つとめている。いずれもなるべくして約束された歩き方をしている。若いころ、主税局の主要課長ポストをこなし、中二階では主税局担当審議官になっていることである。しかし主税局総務課長をやれば、あるいは中二階の主税局担当審議官をやれば主税局長になれるかというとその保証は必ずしもあるわけではない。

細見卓（昭17年組）と志場喜徳郎（昭17年組）は、ともに主税畑を歩き、課長段階では志場のほうが一歩抜きんでていたかもしれない。二人が主税局の中堅課長時代は税制一課長、二課長と雁行して歩いていたが、総務課長という時期に主税は志場がなり、細見は理財局に回った。ここで将来の主税局長候補は決まったかにみられたが、中二階では細見が関税担当財務調査官に、志場は証券担当財務調査官となり、さらに志場が東京国税局長のとき細見は主税局担当審議官となり、この時期にはどちらが主税局長になってもおかしくない状況になっていた。しかし局長段階では志場が証券局長となり、細見が主税局長となり、逆転した。二人は最後まで主税局長候補としてデッドヒートを演じたわけだ。細見はその後まったく畑違いの財務官となり、激動期の国際通貨外交を取りしきった。現在は海外経済協力基金総裁となっている。

泉美之松（昭14年組）の主税局入りは二十四年の臨時税制調査室長からで、その後主税局調査課長・税制課長として平田敬一郎（昭6年組）・渡辺喜久造（昭7年組）の二人の主税局長に仕えた。その後秘書課長を三年やったが、再び税畑に戻り、国税庁間税部長・主税局担当財務調査官を経て、東京国税局長・国税庁次長となり、三十八年四月に主税局長となった。泉の前の主税局長は村山達雄（昭12年組）で、白石正雄（昭13年組）が主税畑に長くいたが、年次の関係でツキが回ってこなかった。

伊予田敏雄（昭26年組）と福田幸弘（昭27年組）はいずれが主税局長になるかで早くから興味津々として眺められていた。伊予田も福田も主税局の中堅課長時代を歩き、二人とも主税局総務課長となった。伊予田は高木文雄が主税局長時代（昭和四十六年六月〜四十九年六月）に税制第一課長・主税局総務課長をつとめ、主税局担当審議官として古巣に戻ったのは五十三年で、この点では福田に遅れた。それでもまだ主税局長候補ではあったが、翌年国税庁次長に回ったことで芽はなくなった。一方、福田は五十年に伊予田のあとの主税局総務課長となり、翌年福岡国税局長として外に出たが、五十二年に再び主税局担当審議官として古巣に戻ってきた。一年先輩の伊予田と雁行した形になったが、前述のような伊予田の国税庁行きで、福田の主税局長就任が確定した形となった。五十五年の異動で福田は日銀政策委員に、伊予田は造幣局長となったが、福田は主税局長の待機ポストで、五十六年に晴れて高橋元のあとの主税局長になった。

山内宏（昭23年後期組）は主税局総務課長・主税局担当審議官をやり、主税局長候補とも目されたが、証券局長に回った。高橋元にツキが回ったためで、主税局担当審議官をやらないで主税局長になった高橋のコースは異例であったわけだ。

理財局長に二つの分れ道

理財局長というポストは、主計局長かもう一つ上のポストにつくためのつなぎになる場合と終着駅になる場合の二つの行き方がある。

渡辺喜一のように財務官になった例は松川道哉がいるだけである。国税庁長官になった例は吉岡英一（昭13年組）・阪田泰二（昭6年組）がいる。これも例としては少ない。

主計局長になった例としては、田中敬・吉瀬維哉（昭21年組）・竹内道雄・橋口収（昭18年組）相沢英之・鳩山威一郎などで橋口を除けばいずれも本省次官になった連中ばかりである。橋口は国土庁次官に回った。

ほかの局に転じたのでは、銀行局長になった青山俊（昭16年後期組）・佐竹浩（昭15年組）、官房長になった石田正（昭8年組）らがいる。石田はその後、為替局長・銀行局長を経て次官になっており、多くの次官経験者の中では異色の歩き方をしている。

終着駅になった人は、岩瀬義郎（昭22年後期）・岩尾一（昭16年後期組）・中尾博之（昭15年組）・稲益繁（昭12年組）・宮川新一郎（昭11年組）・西原直廉（昭9年組）・正示啓次郎（昭8年組）・河野通一（昭7年組）・伊原隆（昭6年組）といった顔ぶれがいる。

伊原は理財局長のあと、日本独立最初の駐英参事官、特命全権公使となった。二十九年十一月退官のあとは東京銀行常務取締役となり、三十七年に横浜銀行頭取として、経営不振の同行を建直し、さらに地方銀行協会長として業界のリーダーシップを発揮したが、五十一年九月死去した。

河野通一は退官後、日本開発銀行理事・商工中金副理事長を経て国民金融公庫総裁となったが、四十四年に日銀出身の総裁が誕生するためのバランス上、副総裁は大蔵省出身からということで河野に白羽の矢が立ち、総裁から副総裁という一見異例ともいえる歩き方をした。

宮川新一郎は不運な人だった。大蔵省では文書課長・主計局次長・経済企画庁官房長となり、ついで本省の官房長まで歩く。そして三十六年に理財局長となった。本来ならば宮川は主計局長、そして十一年組の次官本命となるべき人だったが、このときすでに体調がおかしかったようだ。一年後の三十七年に大蔵省を辞め、住宅金融公庫副総裁に行くことになる。このため後任理財局長には稲益繁が関税局長から横すべりしている。これは当時の総理が池田勇人（大14年組）、大蔵大臣は田中角栄だったが、池田の差金で田中角栄に宮川を追い出させたともいわれた。一説によると、宮川は池田のライバルだった河野一郎に非常に近かったといわれ、池田にとって宮川は邪魔だったということだ。宮川は住宅金融公庫副総裁を一年で辞め、日本住宅公団副総裁に転出したが、二年ちょっとで亡くなった。こういった背景が宮川の生活を荒れさせ、死期を早めたともいわれた。

こうしてみると、理財局長というポストは次のポストのためのワンステップという場合もあるが、終着駅になる人もけっこうたくさんいるということで、同期の連中がどこを歩いているか、諸般の状況をよくみないと、判断を誤るおそれがあるといえる。

ベテランが坐る銀行局

銀行・証券・関税・国際金融の各局は、その人のもつキャリアが買われて局長になるということばかりではなく、その半分以上は回り合わせというものがあるようである。理財は主計へのつなぎで、主計・主税が決まってしまうと、残る三番手、四番手の回るところはここしかない。だから若いときにこなした仕事が買われてそこの長になるとばかりはいえないのであって、局長になるためにそこのポストに坐るという例もないわけではない。

まず銀行局についてみよう。大月高（昭12年組）は銀行局の主的存在だが、それは若い時代に銀行課長を四年、銀行局総務課長を二年、地方に転出した時期と専売監理官の時期を除き、再び古巣の銀行局で財務調査官となってこのポストを五年間つとめるというキャリアを踏んでいる。その後正式に銀行局長となり、二年で退官したが、実際は財務調査官時代から、当時の石田正・石野信一（昭10年組）という銀行局の経験のない局長を補佐していたという意味では、このときから事実上の銀行局長であったともいえる。

近藤道生（昭17年組）も銀行局での経験は長いが、銀行課長をやらないで秘書課長となり、財務調査官時代は官房の調査企画を担当し、さらに官房長にもなっているので、銀行局の主としては大月には一目も二目もおかざるをえない。

高橋英明は大月に負けず劣らずの銀行畑育ちといえるだろう。銀行局の各課はほとんど歩き、やっていないのは保険だけ。銀行局検査部長のあと官房担当の審議官・経済企画庁官房長・証券局長と四年間、銀行局外を歩いたが、四十九年に銀行局長となった。オイル・ショックのあと狂乱物価とともに消費者運動が盛んとなり、銀行の社会的責任を追及する声が高まった時期の局長だっただけに神経をすり減らした。難しい時期の銀行行政をこなした手腕が評価された。

高橋のあと田辺博通・後藤達太（昭22年後期組）と、いずれも銀行行政のベテランが続くが、なかでも徳田博美（昭24年組）の登板によって、五十年ぶりの銀行法改正が実現されるものと期待された。

ところが、五十二年後半から五十四年の前半までの二年間は徳田にとって不幸な時期であった。金融機関にとっては十三番目の構造不況業種といわれるほどに利鞘は縮少し、儲け過ぎといわれたのが嘘のような様変りを呈した。そこへ安宅産業事件、不二サッシ、永大産業の破綻が表面化し、他方で業績優良企業の〝銀行離れ〟がおこり、郵便貯金の急激な増加が金融機関の焦燥感をあおりたてるところへ、海外からの自由化圧力が加わってくるということで、徳田は夜も眠れないほど疲れた。徳田の主目的は金融制度調査会の答申をまとめあげ、銀行法改正を実現することにあったが、こういうなかで、相互銀行業界がゴネ出し、徳田の頭を痛める。相互銀行業界にしてみると、普通銀行ばかりが論議されて、相銀側が同質化している現状を理解してくれない。それならいっそのこと「相互」の商号を返上しようかということになった。こういう矢先に、住友―関西相銀合併問題が起こった。つまり業界側からすると、合併による異種転換を抜けがけ的にやろうとしたというわけだ。しかもその口実が、関相社長の言によれば、今はともかく五年、十年先の都市型相互銀行の将来性は暗い、合併するなら悪くなる前に今のうちだ、というにある。この発言は同業の都市型相銀の反発を招いた。これでは相互銀行全体のイメージが低下し、国民の信頼が下がるではないか、というわけである。そこで個別問題に介入しないはずの相互銀行協会がこの問題に首を突っ込み、「住友―関相」合併に反対を唱える一方、制度問題の見直しを当局に迫った。

このため徳田は、普銀のあと相互銀行問題を制度調査会の審議テーマとすることに同意したが、本意をいえば見直しといっても何を見直しするのか、「相互」返上といっても、これでは金融制度調査会に出してもまとまりようがないではないか、ということだ。そこで業界にもう一度考え方をまとめ直すよう突っ返した。そこへ、今度は大光相互銀行の「乱脈融資事件」が起こった。こういうズサンな経営をやっている相互銀行が「相互」の名称返上をいう資格があるのか、体質改善が先ではないのか、という大蔵省の言い分を裏づけたようなことになったし、業界は業界で、これは大蔵省の〝シッペ返し〟ではないかと反発する。

合併問題では「住友―関相」だけではなく、その前には兵庫相互銀行と近畿相互銀行の対等合併問題、尼崎浪速信用金庫・兵庫信用金庫・神戸信用金庫のトリプル合併構想が表面化したが、その三つとも結局において流産してしまった。これはお家の事情がそうさせたのだが、世間は〝徳田の減点だ〟とはやし立てた。

本来なら徳田は銀行局長三年で銀行法改正を仕上げるはずだったのに、二年にして勇退というのは、本人にとっては不本意だったであろう。徳田が勇退したあとも、問題相互銀行が続々登場し、会長銀行の徳陽相互銀行も簿外保証が明るみに出て、早坂協会長はツメ腹を切らされた。このほか〝問題銀行は都銀を含めて二十三行ある〟という新聞のスクープがあって世間を仰天させ、問題の根が深いことを思わせた。

徳田のあとは米里恕（昭26年組）が登場、これまた徳田以上にもみくちゃにされた格好であった。しかし、懸案の相互銀行商号問題は業界側に撤回させ、銀行法改正は銀行の国債窓販で都銀側の反発にあい、国会成立が危ぶまれるほどのもまれ方をしたが、五十六年五月ついに法案を成立させた。

米里のあとは宮本保孝（昭28年旧制組）が五十六年の定期異動で登場、銀行行政のベテランといわれ、徳田・米里とは違ったソフト行政で、これまでの壊れかかった関係の修復がまず要請されている。

キャリアが問われる国際金融局

国際金融局もキャリアが問われるところだ。同局の前身である為替局が改称された三十九年六月、為替局長だった渡辺誠（昭13年組）が初代国際金融局長となったころから、日本の対外経済政策が重視されるようになった。

渡辺は大蔵省の中での数少ないロシア語通で、大蔵省に入った翌年に外務書記としてソビエト大使館に三年つとめたことがある。戦後は商工省に出向、貿易庁経理局資金課長をつとめ、大蔵省に戻ってからは理財局為替課長となり、外国為替管理委員会ができたときは初代の為替課長として、木内信胤委員長のもとで働いた。二十七年、大蔵省に為替局が設置され、外為管理委員会の組織を吸収することになったとき、これまた初代の資金課長をやった。あまりの激務だったため病気になり、二年の闘病生活を余儀なくされた。なおったあと、激職は避けるべしということで銀行局総務課長・大阪税関長・銀行局検査部長を回り、三十四年に為替局担当財務調査官となって、酒井俊彦（昭9年組）・賀屋正雄（昭10年組）・福田久男（昭11年組）・村上一（昭12年組）らの各局長を補佐した。ちょうど一九六〇年代前半の高度成長期における池田内閣の国際金融面における裏方役であったともいえる。大蔵省国金局ＯＢの幹事役をつとめているのも、このときのキャリアによる。

渡辺のあとは鈴木秀雄（昭15年組）・柏木雄介・稲村光一（昭18年組）と国際畑出身者が続いた。しかし、四十六年八月のニクソン・ショック時に為替市場を開けておき、大量に流入するドルを放置しておいたために過剰流動性をもたらし、他方で減価するドルの抱えこみから外為資金特別会計の評価損をもたらすという失敗を演じた。こういった高価な授業料を支払ったことへの反省から、爾後の国際金融政策は大きく軌道修正をすることになった。

四十七年の異動で林大造（昭19年組）を国金局次長から局長に昇格させ、また松川道哉を国金局次長に起用したのは、その現われとみられている。それはこれまでの国際通貨政策はIMF体制の堅持=固定相場制論であったものが、基軸通貨国であるアメリカが自らその地位を放棄した以上、いつまでもその亡霊にとりつかれている必要はなく、変動相場に移行すべしということであり、人事面でそれを実行したということである。

林のあとは松川が昇格して国金局長となって、本来ならば二～三年局長をやって財務官になるはずだったし、本人もそのつもりだった。ところが一年後に官房長に起用され、本人も「歯車が変わっちゃったよ」といって驚いた。これは高木次官が、四十六年のスミソニアン前後の反省から国際派重視の人事をやったといわれた。松川はその後理財局長をやり、最後は財務官になった。

藤岡真佐夫（昭22年後期組）はもともと理財畑の出身で、課長補佐時代は財政投融資の原資、運用のすべてを統括し、辣腕を振った。しかしその後はIMF、アジア開銀、海外経済協力基金と外回りが多かったが、四十五年に国際金融局担当審議官になり、四十八年には国際金融局次長となる。この時期に日本の外貨準備が不足し一〇〇億ドルを割るかどうかというとき、アジア開銀時代の旧友であるサウジアラビア中央銀行のアリ総裁を急遽たずね、一〇億ドルの借金作戦に成功した。このときの論功行賞で、藤岡は翌年国際金融局長に昇格した。五十六年秋、アジア開銀総裁の任期が到来し、第三代総裁の吉田太郎一（昭19年組）が辞めたあと、藤岡は第四代総裁に推薦され、マニラに赴任した。

藤岡のあとは旦弘昌（昭23年後期）・宮崎知雄（昭25年組）と海外経験豊かな二人が登板したあと、加藤隆司（昭26年組）が登場する。

加藤は若い頃、ニューヨーク総領事館領事として三年間アメリカにいたことがあるが、それ以外は主として主計畑で過し、同期の山口光秀と並んで主計の双璧といわれた。しかしポストは一つしかない以上、俊才並び立たずで、どちらかが主計局長候補に確定すれば、他方はおりなければならない。五十四年の異動で畑違いの国際金融局長になったのはその表われとみられた。二年つとめた段階で、次は理財局長かと新聞辞令が出たが、蓋をあけてみると国際金融局長をさらにもう一年つとめることになり、ここにも五十六年異動の意外性がみられた。

意外性といえば林大造は主税畑で育ち、同期生の中では租税通で通っていたのが、官房審議官時代に歯車が変わって国際金融局担当に回り、ついで次長から局長になったのもその一つといえる。かの有名なニクソン・ショックは国際金融局次長のとき際会し、胸のうちは市場閉鎖・変動相場制を考えていながら、外づらは円の固定相場制堅持を唱えていた。これでは体が変にならなければおかしいようなものだ。大蔵省を退官したあと、激動期の国際通貨政策の貴重な回顧録を書きのこして五十四年十一月、五十七歳で亡くなった。

意外性が多い証券局・関税局

証券局は三十九年に理財局証券部が昇格してできた新しい局である。証券部ができたのが三十七年、理財局に証券第一課・第二課ができたのは、証券取引委員会が廃止され、大蔵省に移管されてからである。

この局はベテランがなる場合とそうでない場合がある。松井直行（昭15年組）・加治木俊道（昭16年前期組）・坂野常和（昭18年組）・渡辺豊樹（昭25年組）らは証券畑育ちで証券局の主でもある。これにひきかえ、広瀬駿二（昭16年後期組）・高橋英明・田辺博通・岩瀬義郎・安井誠（昭23年前期組）・山内宏などは、それほど証券行政についての経験はない。

安井は主税畑が長く、将来の主税局長候補といわれた。事実、主税局総務課長をつとめあげ、官房担当審議官として待機ポストについたあとはやがてと思いきや、日銀政策委員となり、ついで証券局長に回った。このとき中橋敬次郎が主税局長を一年でなく、二、三年つとめていれば、あるいは安井にお鉢が回ったかもしれないが、一年で国税庁長官になったばかりに、ツキが回ってこなかった。安井のときに補佐してくれたのは、渡辺豊樹であり、総務課長の小山昭蔵（昭28年旧制組）であった。

坂野常和は課長補佐時代に理財局証券課に籍を置いたことがあるが、本格的に肩を入れるようになったのは大蔵大臣（水田三喜男）秘書官を終えて三十七年七月の証券第二課長になってからで、ついで業務課長・証券局総務課長となった。このときに、いわゆる四十年の〝証券恐慌〟に際会、山一証券救済の黒幕として活躍した。その後名古屋国税局長として一年外に出たが、再び証券局担当審議官として戻り、四十六年に正式に証券局長となった。OBとなってからは四十九年三月から五十四年八月まで東洋火災海上保険会社社長をつとめ、五十五年十二月、岳父が経営している日本化薬の社長に就任した。

坂野が総務課長時代の局長は松井直行で、これまた証券畑を歩き、主税局担当財務調査官を三年やってから初代証券局長になった。またこのときの総務課長補佐が渡辺豊樹で、証券局に渡辺ありといわれるようになったのは、このときの手腕による。坂野と並んで渡辺も証券局の主（ぬし）である。

関税局長はどちらかというと若いときに経験を積んでいなくても、局長としてのハクをつける意味でなる人が多い。したがって、このポストは比較的意外性が多い。

関税局は当初税関部として主税局のなかにあったが、三十六年に関税局に昇格した新しい局である。そしてここのポストはほとんど例外なく一年で交替しているが、古い人で佐々木庸一(昭14年組)が三年やっている。ここの総務課長をはじめ中堅課長を経験して局長になった人は武藤謙二郎(昭16年後期組)・上林英男(昭17年組)・旦弘昌・米山武政(昭25年組)などがいる。

副島有年(昭25年組)は若いころIMF職員として四年近く出向し、四十六年一月からは世界銀行東京事務所長として四年半もつとめ、大蔵省ではついに総務課長をやらなかった。しかしそれでも局長の金的を射止めたのは、副島の省外での蔭の功労に報いる意味であったといえる。関税局長のあと対米関係の改善のため大物を起用するということで駐米公使になったが、五十六年退官した。

米山武政は副島の後釜に坐った。銀行局総務課長のあと関税局担当審議官となり、地方回りはその後に大阪国税局長となった。中央に戻ったときは国税庁次長で、不遇に泣いたが、五十四年に晴れて関税局長となった。

清水汪(ひろし)(昭26年組)は銀行畑が長く、課長補佐時代、課長時代は全部銀行局にいた。したがって外に出ても戻ってくるときは銀行局担当となり、徳田のあとの銀行局長かといわれた。ところが内閣審議室長となって三年もとめおかれ、銀行局長の芽がつぶされかかった。五十五年の異動で銀行局長のポストはふさがってしまったので関税局長に回った。翌年は米里のあとの銀行局長という新聞辞令が出たが、環境庁に回り企画調整局長になった。将来の次官候補である。垣水孝一（昭27年組）も意外性を表わしたものといえる。もっとも課長補佐時代に関税局にいたことがあるが、あとは物価政策課長・理財局資金一課長をし、総務課長は国際金融局であった。その後中二階では国際金融局担当審議官をやったあと理財局次長として国債問題で苦労し、五十五年の異動で印刷局長となった。印刷局長といえばこれで終着駅というのが通常のコースで、垣水はこれでＯＢかと思われたが、五十六年の異動で関税局長となった。

中二階よりは総務課長級が注目

人事異動の見どころで次に注目を要するのは、各局の総務課長級ポストに何年入省組の誰がなるかということである。

各局の局長の次は、通称〝中二階〟といっている次長・各局担当審議官・部長ポストがあって、話の順序としてはここが話題になるが、ほんとうはあまり興味（?）をひくところではない。ここまでは誰もがなるようになっているからである。ただ同じ〝中二階〟といっても、陽の当たるところと当たらないところの微妙な差異があることは否定できない。そういう違いがでてくるのは、各局の総務課長級ポストについたか否かによるのであって、その意味では〝中二階〟人事より総務課長級ポストの異動が目のつけどころということになる。

この総務課長級ポストは、官房三課長（秘書課長・文書課長・調査企画課長）を筆頭に、主計・主税・理財・関税・銀行・証券・国際金融および国税庁の一一である。官庁人事は順送りをもって旨としており、各年次採用者の中から九〜一〇人が選ばれる。ポストが一一あるから一一人ということにはならない。五十六年の定期異動では三十二年組二一人の中から一〇人が選ばれた。前の年は三十一年組二〇人中八人、その前の三十年組は二三人中一〇人、また二十九年組は二三人中九人がそれぞれ選ばれている。

異動が順送りだからといって、同一年次だけから総務課長が出るとは限っていない。五十四年の定期異動は、東京サミットの関係で七月十日付で発令されたが、このときは三十年組の九人と、三十一年組から一人が秘書課長に抜擢された。三十年組では五十三年の異動ですでに調査企画課長になったのがいるので、この年次は合わせて一〇人がなったことになるわけだ。

この総務課長級ポストになれるかどうかは事前にわかるわけではないが、なれないということとはどうやら前の年の異動でそれとなくわかるような仕組みになっているようである。年次によって多少の違いがあるが、たとえば前の年の異動で各種公団の部長、もしくは総務課長級ポストに準ずる地位につく、同期生が総務課長になるときは地方局長級ポストに先になっている場合が多い。つまり本人は同期生より早く部長・地方局長となって、その名誉は決して傷つけられないように仕組まれているのである。

具体的なケースをあげてみよう。大村筆雄（昭16年前期組）は主計畑の育ちで、三十五年九月に主計局総務課長になり、二年後の三十七年五月に名古屋国税局長に転出した。ところが同期生の堀口定義（昭16年前期組）の場合は、総務課長をしなかったかわりに、三十四年六月（大村よりは一年前に）東京国税局総務部長となって、同期生にまだ自動車があてがわれないときすでに車がつき、同期生が総務課長になったときには熊本国税局長になって、一歩先んじる形をとっているわけだ。

牧野誠一（昭15年組）は総務課長級ポストにはつかなかったが、それに準ずるポストということで三十二年八月に会計課長になった。前の年の三十一年七月には東京国税局総務部長として車がついた。このとき同期の澄田智（昭15年組）は、三十一年に理財局資金課長で総務課長を保証された形となり、翌三十二年六月、理財局総務課長になった。地方回りは三年後の三十五年七月に福岡国税局長となり、一年後の三十六年六月には調査担当の財務調査官となり、さらに二年後の三十八年四月には主計局次長になった。これに比べると牧野は三十八年に本省に戻ったときは銀行局検査部長で、二年後には退官している。

こうみてくると、ゴルフでいえば澄田はロング・ホールの第二打、第三打がちゃんとフェアウェイをキープしているのに対し、牧野のほうはラフに飛び込んでしまっているという印象である。

最近のケースでも同じである。塚本石五郎（昭22年前期組）は金融制度調査官のあと近畿財務局理財部長となり四十七年七月に再び銀行局中小金融課長として戻ってきた。ところが二年後には札幌国税局長に栄転した。このとき同期生の田辺博通は四十年五月に銀行局保険第二課長となり、翌四十一年関東財務局理財部長となり、四十二年に銀行課長となっている。つまり田辺が銀行課長になるまでは塚本と田辺の差はそれほどなかったが、田辺が銀行課長になったところで、塚本が一歩先に国税局長となって転出し、ここから差がついてきたといえる。その後は田辺が銀行局総務課長となり、地方転出のあと〝中二階〟に戻ったときは官房担当審議官となり、ついで証券局長・銀行局長となった。それにひきかえ、塚本の〝中二階〟ポストは国税庁間税部長で、四十六年六月、不幸にも亡くなった。

柴田耕一（昭26年組）は四十四年に文書課広報室長となり、ついで四十五年十一月、理財局国有財産第二課長になった。この時期に同期の米里恕は東海財務局理財部長・総務部長をつとめ、四十五年七月の異動で本省に戻ったときは銀行局金融制度調査官であった。ここまでは二人の間にそれほどの開きはなかった。ところが二年後の四十七年に、米里は証券局資本市場課長となり、ついで官房調査企画課長となったが、柴田は近畿財務局総務部長に転出、四十九年一月に官房地方課長として、官房三課長に準ずるポストにつき、ここで米里とは差がついてきた。五十一年の異動で同期生はいっせいに地方局長に転出したが、柴田は北九州財務局長、米里は名古屋国税局長となって、一見それほどの差があるともみえないが、五十一年に柴田は肩を叩かれたのに対し、米里は主税局担当審議官として〝中二階〟に戻ってきた。ここで柴田はこの時期に肩を叩かれた二、三人の仲間と一緒にさせられたわけだ。

こうみてくると、総務課長級ポストにつくかつかないかは、地方回りのときにはそうたいした違いはないようにみえても、中二階に戻ってきたときにつくポストが、陽の当たるところか否かという違いがある。なかにはOBとして大蔵省を卒業する人さえ出てくる。一方はグリーンに乗っているのに、他方はまだグリーン回りをうろついているか、なかには文字通りOBになってしまったようなものだ。

だから新聞辞令では一向に扱わなくても、総務課長級ポストまでみておくことが、先行きを見る上で必要なわけである。

二章　意外と厳しい官僚の出世レース

同期生で局長になるのは数人

五十六年の定期異動は国税庁長官・主計・官房長を除いて、財務官・各局長がいっせいに動いたので大幅異動といわれた。次官・国税庁長官・財務官は二十四、五年組がなり、各局長は二十五、六年組のほか、新しく二十七年組から局長が誕生することになっていた。それと同時に二十六、七年組がどれだけ整理されるかということも注目された点であった。

蓋をあけてみると、二十七年組から三人、二十八年旧制組から一人の局長が生れ、他方整理組は二十六年から三人が勇退、一人は外部に転出したので、残った人は三人に絞られてきた。二十七年組は残留者一八人のうち一人が勇退、二人が外部に転出、残った人は五人だが、一人は勇退含みなので、事実上の残留者は四人になっている。

五十五年の異動では二十七年組の本省局長は早すぎるということで、一人は日銀政策委員、一人は印刷局長として待機させられたが、今年は晴れて三人が主税・証券・関税の各局長になった。このほか沖縄振興局長・経済企画庁物価局長になった人がいるので、局長ポストに坐った人は五人ということになる。東京国税局長は異動圏外にいたため、計算に入っていないが、来年はよりいいポストにつくと考えられるので、これを含めると六人である。

二十六年組は、国際金融局長・官房長・理財局長の三人が残っており、いま一人環境庁企画調整局長がいるので、合わせて四人が現役の局長でいる。今年の異動で銀行局長・造幣局長・沖縄振興局長の三人が勇退しており、前には日銀政策委員・印刷局長（同期から二人なった）が辞めているので、この組の局長就任者は合わせて一〇人である。同期生は四〇人であるから、残る四分の三は局長にならずに肩を叩かれたということになる。

二十四年組は総勢三〇人中、局長になったのは一〇人である。このうちよその省庁に転出して局長になった人が一人いるので、本省局長は九人である。二十四年組はいま次官を出している年次だが、総勢二八人中、局長は七人（うち一人は環境庁）なので、ここでも約四分の三の人は局長になれなかったということだ。

いますこしさかのぼってみると、採用人員が少なかった関係で、本省局長になる人の比率は若干高いが、それでもかなり選別されていることがわかる。花の十二年組といわれた人たちは総勢一六人で、佐藤一郎・村山達雄・金子一平と三人も衆議院議員になり、また村山・金子の二人が大蔵大臣になるという珍しいクラスだが、局長以上のポストについた人は七人である。それが十三年組になると、総勢一三人のうち局長級ポストについた人は六人、造幣・印刷の外局を除くと四人である。つまり三分の二は局長にならずに肩を叩かれている。十四年組は総勢一四人で、このうち局長級ポストについた人は九人だが、本省局長になっているのは五人にすぎない。

十七年組、十八年組になると、太平洋戦争が始まっており、戦死者がかなり出ることを想定して採用人員はかなり多くなっている。十七年組は二二人、十八年組は二九人と、十三、四年組の倍もふえた。十七年組は次官が相沢英之、国税庁長官が近藤道生を生んだ組で、この二人を含む本省局長は細見卓（主税局長）・奥村輝之（国際金融局長）・上林英男（関税局長）・志場喜徳郎（証券局長）の六人、外局や外部の局長を加えても八人にすぎない。

十八年組は次官が高木文雄（主税局長）、財務官は稲村光一（国際金融局長）で、本省局長はこのほか橋口収（理財局長・主計局長）・坂野常和（証券局長）・谷川寛三（関税局長）の五人、外局およびよその省庁の局長・次官では今泉一郎（経済企画庁水資源局長）・宇佐美勝（造幣局長）・瀬戸山孝一（印刷局長）・田代一正（防衛庁次官）・船後正道（環境庁次官）・海堀洋平（日本銀行政策委員）の六人がおり、合わせて一一人となる。つまりこの組あたりから全体の三分の二は局長になれない連中が出てきたということである。

官僚の世界は、よく仲間意識が強く、同僚の肩をもつといわれるが、これは外からみた場合の話で、仲間同士では隠然たる競争が展開され、意外と厳しい減点主義による選別が行われているということだ。

局長になるのに三十年——昔は十八年

こういうと、本省の局長になるのは大変なことで、よほどの実力がなければなれないのかというとそうではない。実力は全体の三分の一で、残る三分の一が「運」三分の一が「ツキ」ということで決まるようである。その人の実力がなければもちろん局長になれるものではないが、なれたからといって、その人に実力があったというものではなく、大部分は運とツキによって決まるのである。

次官・局長というポストは官僚になったからには誰しもねらうものだが、そこへ登りつめるには三十年のキャリアを必要とする。五十六年の異動で次官になった高橋元（昭24年組）は三十二年かかった。田中敬（昭23年後期組）・長岡実（昭22年後期組）・大倉真隆（昭22年前期組）らいずれも同様である。

局長になるには二十七年ないし二十八年はかかる。今年銀行局長になった宮本保孝（昭28年旧制組）は二十八年、吉本宏（昭26年組）が証券局長になったのが五十四年七月だから、これまた二十八年かかっている。

そこへ行くと昔は早かった。昭和一ケタ時代の入省者は二十年足らずで局長になった。舟山正吉（昭3年組）が局長になったのは昭和二十二年八月に国有財産局長になったときで入省後十九年目、次官になったのは昭和二十六年四月で、入省以来二十三年目ということになる。福田赳夫（昭4年組）は大蔵省のプリンスとして陽の当たるところを歩かせられてきたが、銀行局長として最初の局長になったのは昭和二十一年だから十七年目ということになる。河野一之（昭5年組）は主計局長になったのが昭和二十三年九月だから、これも十八年目である。次官は昭和二十八年八月で、これまた二十三年目になっている。

森永貞一郎（昭6年組）が局長になったのは二十八年八月の主計局長のときだが、二度目の本省官房長になった二十四年六月を局長級ポスト就任とすると十八年目となる。しかし次官就任は若干おくれて二十六年目となっている。

大正時代の入省者になるともう少し早かった。賀屋興宣（大6年組）の場合、主計局長になったのは昭和九年のことであるから十七年目であり、次官は昭和十二年二月になっているから、ちょうど二十年目ということになる。賀屋と同期の上山英三（大6年組）は、昭和十一年十一月外国為替管理部長に就任、翌十二年五月、部が局に昇格して初代局長となったが、これは入省以来二十年のことであった。しかしその年の十月には肩を叩かれOBとなっている。上山によれば「どうも落第だったのですね」と述懐している。

松隈秀雄（大10年組）は大蔵省に採用されたときから上司の藤井真信（明42年組）に可愛がられ、主税局の仕事以外はほとんどしないで育てられてきた。主税局長になる前に待機ポストとして昭和十五年五月に銀行局長となるが、暮の十二月には本命の主税局長になった。入省後十九年目である。それから四年後には次官となっている。二十三年目だから、先輩たちに比べると次官へのキャリアはやや長くなったといえる。

しかし松隈がいかに抜擢されたかは、局長になる前の段階で先輩、同僚より一歩先を歩いていることでもわかる。松隈が文書課長から営繕管財局理事・総務部長になったとき、後任の文書課長には一年先輩の入江昴（大9年組）が銀行検査官から就任、勅任官のポストである銀行検査官には松隈と同期の岸喜二雄（大10年組）が普通銀行課長から昇格し、併せて銀行局検査課長兼任となった。

この当時の官僚の待遇として、奏任官から勅任官になるためには銀行検査官と営繕管財局理事の二つが予定されており、各省とも官房の各課長になった者には兼職として勅任官たる銀行検査官にする慣例があった。松隈は文書課長時代に兼職として勅任官たる銀行検査官になったわけで、自分でも「兼勅とはいえ、勅任官にゴール・インしたのは大蔵省における者としてはやや早い方であった」(『税界回顧録』、『税務弘報』連載)と書いている。

ちなみに入江は文書課長のあと銀行検査官・日本銀行監理官として「兼勅」になり、ついで昭和十五年に松隈のあとの営繕管財局理事・総務部長になっているが、翌十六年には大蔵省を退官している。文書課長になったところまではよかったが、このときの実績はあまり評価されなかったといわれた。

岸は「兼勅」のあと昭和十六年に神戸税関長になって、ほんとうの勅任官になり、十七年には大蔵省を辞めている。しかし戦後は大勢の人がパージになったとき、岸はその憂目にあわず、日本興業銀行総裁に栄進、二十四年から三十一年まで都銀代表の日銀政策委員になった。なにがその人の運命を変えて行くかわかったものではないといえる。ここにも「運」と「ツキ」がものをいっているのである。

選別の第一段階——税務署長時代

ところでエリートといわれる連中なら、誰でも課長・局長になれるかというと必ずしもそうではなく、意外と厳しい選別が待ちかまえている。それはそうであろう。同期生全員に同じ地位のポストを平等に与えていったのでは、ポストがいくつあっても足りるものではない。そこは民間企業と同じように、ポストは円錐形的に少なくなっていくのであるから、人事のほうもそれに応じて篩にかけて行かなければならない。

大蔵省は国家公務員上級職試験をうけて採用された者に対しては、それなりの待遇をし、卒業したあとでも面倒見がいいといわれているのに、本省の課長にさせない人事もあるという意外と厳しい一面をもっている一例をおげておこう。

原田正俊（昭26年組）は国有財産局総務課課長補佐のあとは外回りばかりで、ついに本省の課長にならず、大蔵省を辞めるときは造幣局東京支局長であった。斉藤精之助（昭26年組）もついに本省の課長はやらずに、北海道財務局長で退官している。大石幸一（昭26年組）も国税庁の課長まではやったが、本省の課長はやらずに中国財務局長をやって辞めた。寺沢毅（昭25年組）も国税庁の課長までで、本省の課長はやらずに終った。栗山茂光（昭24年組）は世界銀行に出向し、十二年も貸付担当やダッカ事務所長などをしていた。同期生はすでに本省の総務課長級ポストについたとき大蔵省に戻って参事官となり、二年後の四十九年に大蔵省を辞めた。栗山の場合は海外生活が長かったための例外ともいえる。

工藤振作（昭24年組）はアジア開発銀行に長くおり、日本に戻ってきたときは海外経済協力基金に出向していたため、ついに本省の課長にはならず、最後は官房審議官で辞めている。前田文雄（昭23年後期組）は国税畑を主に歩き、国税庁徴収部管理課長から印刷局総務部長に転出、ついで税務大学校長になって大蔵省を辞めている。

もう少し古いところでは瀬戸文八郎（昭19年組）がついに本省課長にならなかった。戦争があったばかりに人生の歯車が狂ったとしかいいようがなかったのではないか。戦後復員してから高文に合格、しかし外回りばかりしたあと国税庁協議団本部長になり、南九州財務局長を最後に辞めている。

大蔵省の場合、篩にかけられる関門は大きくいって三つに分けられるようである。第一の関門は税務署長時代、第二の関門は課長補佐時代、第三の関門は課長時代である。

第一の関門の税務署長時代は統率力がみられる。いまは税務署長として外に出るには五～六年が必要とされるが、昔は二～三年でなり、学士様としてそれなりに敬意も払われたものだ。松隈秀雄は入省二年目で同期生が全部税務署長となったとき、一人だけ財務官書記としてアメリカ行きを命じられたので、税務署長は海外生活を終えてから、大正十四年に宇都宮税務署長に、翌十五年には水道橋税務署長になった。宇都宮時代は、印を押すことから習う必要があった。決済書類は署長という欄に捺印すればいいのであるが、局に出す秘親展の書類などはどこに押してよいか尋ねないとわからない。しかし庶務課長が万事署長の秘書的役割を果たしてくれたので、所管の事務はほとんど支障なくやれるようになる。年末には賞与が出るが、署長以外の最高給者は間税課長の判任官で四級俸（月九五円）、その賞与が二〇七円であった。署長はそのとき三〇〇円であった。そして忘年会は料亭で行われるが、その際、五〇円を寄贈して宴会費を賄ったものだという。署員の数が小使夫妻・女子の給仕を合わせても二〇人足らずという少人数だからできたことで、大きな税務署になるととてもできない。水道橋税務署長になると人員は五十数人、臨時雇を入れると七〇人になるので、全部に飲み食いやれといってもできるものではない。そのかわり課長・主任に一席設け、芝居にも連れて行くといったことをした。こういった配慮はエリートたる税務署長の必要な心構えだったようだ。

水道橋時代は、小石川とか本郷に当時の貴族院議員とか大蔵省の高官、有名人が多く住んでおり、これらの人々の所得金額を間違えて決定通知書を発送すると、叱られた上に信用を傷つけるから、署員にだけ委せないで署長自ら調査簿を点検し念査する必要のあることを教わっている。

竹内道雄（昭19年組）の場合は、入省三年目の昭和二十二年に八王子の税務署長になり、翌二十三年には甲府の税務署長になっている。この年は前尾繁三郎（昭4年組）が主税局長のときで、ＧＨＱが徴税の強化を指令してきて、これは日本の納税者にとって大変むごい仕打ちだということで大蔵省は反対、前尾はＧＨＱと衝突して主税局長の解任を要求されるという顚末があった。このようにまだ日本が占領下にあってGHQの要求で徴税を強行することが大きな課題であったので、末端の税務署長は納税者との間でしょっちゅうトラブルがあった。このとき税務署長たる者は、左翼系の大衆運動家を相手に毅然たる態度をとることが要求された。少しでもひるむと押しまくられてしまう。若い税務署長はこのとき〝大変なところへ来たな〟としょげかえるのだが、これを顔に出しては部下の士気にかかわる。理論闘争をやっても相手に勝たなければならない。また四十歳、五十歳という年輩の部下たちを巧みに使いこなすことも署長に要求される能力の一つとなっている。竹内はこの関門を無事に突破した。最初は廿日市、ついで二ヵ月後に下関へ行った。

長岡実と同期の中西清も入省三年目に税務署長として出ていった。

「朝鮮戦争の真盛りでしてねえ。おまけに国連軍が釜山のあたりまで追いつめられているときで、騒然としていましたよ。『お前なんか、人民の敵として真先に縛り首になる』と脅かされながら、徴税に精を出したのです。……とにかく必死で滞納整理に当たりましたね。連日トラックを一二、三台連ねて、陣頭指揮です。談判してだめなら差押えです。今から考えると若気のいたりです。国税庁の人事課長に『陣頭指揮っていうのは何もトラックに乗ってやるばかりじゃないんだぞ』って言われたり、医師会の医者たちに厳しく課税して、人権蹂躙で訴えられたり……」(『文芸春秋』五十四年八月号)

ちなみに中西は、昭和十九年に海軍予備学生として応召、横須賀の陸戦隊の中尉で復員している。陣頭指揮はいわばお手のものだったのだ。彼は、

「……下関が運命の岐れ道だったのかなあ……もう少し適当にやっとけばよかったと思います」（前掲誌）

と述懐している。ともかく税務署長が一つの大きな関門であることに間違いない。しかし最初の配属でその運命が決まってしまうほどに決定的ではない。

選別の第二段階——課長補佐時代

第二の関門は第一の関門についで早くから待ちかまえている。それは税務署長から本省に戻った課長補佐時代で、ここまでは一応誰でもなれる。誰でもなれるが、そのときの上役に恵まれるか否かが岐れ道にもなる。補佐が良ければ上役は、「あいつはできる」と評価することになるからである。ここでは調査能力、折衝能力、法案・政策の立案能力が問われることになる。

佐上武弘（昭23年後期組）は入省四年目で高田税務署長に出て、一年で本省に戻った。主税

局税制第二課の課長補佐心得で、一年たって本当の課長補佐になった。このときの税制第二課長は、後に次官になった吉国二郎（昭16年後期組）だった。四年後の三十三年に主計局に転じ、地方財政担当の主計官補佐となった。このときの主計局長は石原周夫（昭9年組）、次長は佐藤一郎と村上一（昭12年組）、担当主計官は相沢英之であった。相沢に厳しく鍛えられ、地方財政問題で自治省とわたり合った。主税局・主計局時代につかえた課長・主計官が吉国・相沢であったことが佐上には大変よかった。また佐上もこれら名課長につかえハッスルした。

このときの仕事ぶりが買われて、在外公館に出るときは西ドイツになった。同じ海外に出るのであれば先進国のアメリカ・イギリス・西ドイツといったところを誰しも望みたがるものだが、望んで行けるというものではなく、それも成績と上司の選択に委ねられる。佐上はいわば第二の関門たる課長補佐時代を優秀な成績でパスしたことを意味している。

高橋元は昭和十九年に学徒出陣し、いわゆる「短現」といわれる短期現役海軍主計科士官として大倉真隆・長岡実らと一緒に海軍経理学校に入校、終戦の年に主計少尉に任官、召集解除とともに東大を仮卒業するが、再び法学部政治学科に学士入学、病気になったため遅れて二十四年三月に卒業、大蔵省入りした変り種である。課長補佐は理財局外債課と理財局証券第二課を回り、三十五年七月に文書課の課長補佐となった。外債・証券時代はそれほど目立つ存在ではなかったが、文書課でがぜん頭角を現わすようになる。そこで三十七年、田中角栄が大蔵大臣となったとき秘書官事務取扱を命じられるのである。

秘書官コースはエリート中のエリートが行くところで、歴代秘書官をみると、いずれも「これは」という連中が歩いている。谷村裕（昭13年組）は昭和十九年二月から二十年三月までの一年、石渡荘太郎（大5年組）が大蔵大臣のとき〝かばん持ち〟をしている。このときは秘書課長の福田赳夫が秘書官を兼ねていた。

石野信一（昭10年組）も昭和十七年六月にときの大蔵大臣賀屋興宣の秘書官事務取扱になっている。このときの正式の秘書官は秘書課長の阪田泰二（昭6年組）が兼ねていた。石野・谷村はいずれも主計局長・次官になっていることをみてもわかるように、この時期に蔵相秘書官事務取扱になるということは、先行きの出世コースに大きく影響することになる。

橋口収は繰上げ卒業で大蔵省に入ったが、すぐ短期現役海軍主計科士官として海軍経理学校に入り、終戦時は主計大尉であった。戦後すぐ大蔵省に戻り、一年で函館税務署長に、翌年本省に帰ってきたが、すぐ経済安定本部に出向（財政金融局産業金融課）、二十三年に銀行局復興金融課の課長補佐にはじめてなった。この課は二十四年六月に廃止となり、橋口は新設の銀行局総務課課長補佐となった。銀行局銀行課の課長補佐になったのは二十九年六月で、二度目の補佐である。この当時の上司は局長が愛知揆一（昭6年組）・舟山正吉・河野通一（昭7年組）で、総務課長は若くして亡くなった杉山知五郎（昭10年組）、大月高（昭12年組）、銀行課時代の課長は谷村裕であった。

これらの先輩に鍛えられたことが橋口に幸いした。課長補佐を卒業して地方に出るときは近畿財務局理財部長であった。これは成績の良かった者がつくポストである。橋口は一年後に本省に戻るのだが、そのときは池田大蔵大臣の秘書官となった。

選別の第三段階——本省課長時代

第三の関門は課長時代である。本省の課長になるためには、最近でいえば十八年ないし十九年のキャリアが必要だ。課長補佐になってからでも十年はかかる。

五十六年の異動で本省の課長になった連中は昭和三十七年組で、地方局総務部長・在外公館に出ている者を除けば、ほとんどなっている。これは入省十九年目ということになる。今年局長になった二十七年組の場合についてみても同じように入省十九年目である。福田幸弘（昭27年組）がカナダ大使館一等書記官をして帰国したのが四十六年六月で、七月の異動で主税局税制三課長になった。禿河徹映（昭27年組）が本省の課長になったのは同じ四十六年六月の理財局国債課長のときである。いずれも入省十九年目である。

戦前入省の人たちは十四、五年ぐらいで課長になっている。賀屋興宣が主計局主計課長になったのは昭和五年三月で、入省十三年目である。この年代の人たちは課長になるまでが大変だったが、コースに乗ると出世は早く、加屋の場合、主計局長は昭和九年五月に就任している。もう少し新しい年次でみても同じである。櫛田光男（昭2年組）は理財局外事課長として本省の課長になっているが、すぐ対満事務局事務官として転出しているので、本格的な本省課長となったのは銀行局特別銀行課長のときで、昭和十六年八月の就任だからこれまた十四年目ということになる。

課長時代に問われる能力は、補佐時代のそれに加えて折衝調整能力・人事統率力・幅広い見識といったものになる。ここでの手腕によって各局の筆頭課長（総務課長）、官房三課長になれるか否かが決まってくる。

五十四年の定期異動では一〇人の総務課長が誕生したが、そのなかの九人は昭和三十年組、一人は三十一年組であったことはすでにふれた。この三十一年組の一人が、同期のトップを切って秘書課長という要職についた。小粥正巳である。小粥は主税局を振出しに歩きはじめ、三十八年七月に藤沢税務署長になった。翌年本省に戻って課長補佐になり、二年後には日本貿易振興会（ジェトロ）のバンクーバー事務所に出た。二年半近くつとめたあと、再び本省の官房秘書課と銀行局総務課の課長補佐をつとめた。成績が良かったので、地方回りは東京国税局間税部長だった。四十九年七月からは大蔵大臣大平正芳（昭11年組）の秘書官を二年半近くつとめた。蔵相秘書官という仕事が登竜門であることはすでにみた通りだ。

本省の課長になったのは五十二年二月で、証券局資本市場課長であった。入省後二十一年目である。翌年には主計官になったが、これは一年で変わり、五十四年に秘書課長となった。課長ポストを二年しかやらないで秘書課長なったのは珍しいほうで、だいたいは四～五年の課長経験を積むのが通例になっている。それだけ小粥の場合は、総合判断力・折衝調整能力が優れているという判定を下されたことになる。ちなみに小粥は、国家公務員試験は法律職に合格しただけでなく、司法試験も第二次までパスしており、大変な頭脳の持主である。

昭和三十年組のトップを歩いているのは文書課長をやった平沢貞昭といわれている。課長補佐時代の成績評価が良かったので、在外公館勤務はアメリカのニューヨーク総領事館で領事として三年過した。五十一年に本省に戻ってきたときは理財局国債課長という重要なポストを与えられた。同じ本省の課長になるのでもポストが選ばれていることがわかる。入省後二十一年目である。二年のちに銀行局銀行課長となった。このポストはよほどの失敗がなければ総務課長級ポストを約束されたと同じことを意味する。ただ銀行局の筆頭になるか官房行きとなるかの違いがある。平沢はここを一年で異動し、官房文書課長になった。小粥と違って平沢の場合は三年で総務課長級ポストについたわけだが、やはり優秀な評価を下されたということを意味している。

同期のほかの七人は一年で総務課長を終え、それぞれ地方の財務局長・国税局長・税関長に就任したが、平沢と主税局総務課長の水野勝は二年つとめ、五十六年の異動で平沢が近畿財務局長に栄進し、水野は主税局担当審議官となった。同じ地方行きでも、大阪というエリートコースが選ばれているわけだ。

五十六年に次官を辞めた田中敬の組は総勢二七人いて、総務課長級ポストについたのは八人である。田中敬は総理大臣秘書官事務取扱として佐藤栄作の第一次・第二次総理時代につかえ、大蔵省に戻って課長になったときは理財局国債課・資金課の長になり、そして文書課長となった。佐上武弘は西ドイツ大使館の一等書記官のあと、経済企画庁物価政策課長となり、ついで銀行課長となった。ここでの手腕が評価され、官房調査企画課長となっている。山内宏は、国税庁直税部所得税課長から主税局税制第一課長となり、ついで主税局総務課長となった。

原徹は、四十年に福田赳夫が大蔵大臣のとき秘書官事務取扱となり、ついで主計官となり、主計畑を歩いてから理財局総務課長となった。通常は理財局の各課長を経たものがなるのに、原がなったということは、同期の福島譲二に主計局総務課長を譲らざるをえなかったということであろう。原は理財局次長のあと防衛庁経理局長となり、ついで官房長、そして次官となっている。

福島は防衛担当主計官をしたあと、佐藤栄作の第二次から第三次総理大臣のときの秘書官事務取扱を三年近くつとめ、そのあと主計局総務課長となっている。この総理秘書官になってから政界入りを志すようになり、四十七年暮の総選挙に立候補するが、次点に泣いた。しかし五十一年暮の総選挙では晴れて当選、目下三回生である。

松永正直は国際畑の出身で、海外勤務はベルギーとフランスを五年近くつとめ、本省課長は保険二課と国際金融局国際機構課を回ったあと国金局総務課長となった。しかし国際金融局長のポストは同期生旦弘昌に譲らざるをえなかったようだ。

旦は当初主計畑で過したが、主税にも足を入れ、海外行きではイギリス大使館勤務となった。二年少しで本省に戻り、関税局企画課長から同局の総務課長となっている。その後、松永が証券担当審議官になったとき、旦は国金局次長となり、ついで松永がＩＭＦに派遣されたとき関税局長に、翌五十二年国際金融局長になった。旦も短期現役海軍主計科士官出身で終戦のためポツダム中尉となっている。

総務課長にならない人でも地位は保証

総務課長級ポストにつかなかった連中は、地方回り——国税局長か財務局長——か、公団・事業団の部長となって転出して行くケースが多いことはすでにみた。しかしいずれは本省の中二階（次長・部長・審議官クラス）に戻ってくるのだが、これは人によってはOBとなるために最後を飾るポストとなる場合もあれば、もう一つ別のポストを用意される場合もある。

昭和二十八年旧制組は二四人のうち三人は国会議員（近藤鉄雄・津島雄二・宮下創平）になるという異色のクラスだが、この中で総務課長級ポストについたのは八人である。昭和五十一年に発令されたが、その筆頭は文書課長の吉野良彦、ついで各局別にみると主計局総務課長が宮下創平、理財局総務課長が水野繁、関税局総務課長は松尾直良、銀行局総務課長は宮本保孝、証券局総務課長は小山昭蔵、国際金融局総務課長は大場智満、国税庁総務課長は村山進である。

総務課長にならなかった人たちは、五十年に総務課長のポストに準ずる課長、在外公館、あるいは地方部長に転出させられている。たとえば主税局税制第三課長をしていた西野襄一は、五十年の異動で東京国税局直税部長に転出している。二年後には中二階に戻ってくるが、ポストは国税庁徴収部長になっている。高木寿夫は総務課長級ポストにつかず、それに準ずるポストとして本省官房会計課長になり、翌年神戸税関長に転出している。迫田泰章は主計官から青森県副知事に転出、二年後の五十三年理財局次長として中二階に戻ったが、二年後の五十五年に退官した。中大路義方も近畿財務局理財部長というエリートコースを歩いたが、本省に戻ったときは銀行局検査部審査課長となり、二年後の五十年に内閣調査官として出たとき総務課長からそれることになった。ついで五十二年に大阪税関長となり、やがて本省の中二階に戻ってきたときは証券取引所監理官兼証券局担当審議官になった。このポストは、ここでストップする人と別のところへ行く人があるが、中大路の場合はここで辞めることになった。

昭和二十七年組は入省時一九人いたが、越智通雄は衆議院議員となり、もう一人辞めたのがいるので一七人が在籍、すでに三十年近くを経過してその大半がOBとなって外部に転出している。残っているのは藤仲貞一（沖縄開発庁振興局長）・垣水孝一（関税局長）・福田幸弘（主税局長）・禿河徹映（証券局長）・宮下鉄巳（東京国税局長）・広江運弘（経済企画庁物価局長）・関口尚哉（官房審議官）の七人だけになった。しかし藤仲と広江は他の役所に転出し、関口は退官含みであるので、残りは四人だけである。七人のうち総務課長級ポストについた人は五人（この期の総務課長は六人、うち一人は局長をやらずにOBになった）、宮下を除いて藤仲・

垣水・禿河は五十六年の異動でいずれも局長に就任している。宮下も来年はさらにいいポストにつくはずである。

この期の総務課長級ポストにつかなかった人たちも、それなりに処遇されている。川崎昭典は五十六年の異動で肩を叩かれOBとなったが、勇退前は国税庁次長として局長級ポストについた。青木英世は、総務課長級ポストにはつかなかったが、それに準ずるポストとして官房会計課長となり、その後は岩手県副知事として三年間つとめ、本省に戻ったときは関税担当審議官となり勇退している。山田幹人も総務課長級ポストに準ずるところとして理財局国有財産総括課長につき、ついで東北財務局長となった。本省に戻ったときは東証監理官兼官房審議官となり、一年で勇退している。安岡正明は大阪国税局総務部長のあと五十年の異動で造幣局東京支局長となり、中二階に戻ったときは国税庁徴収部長で、最後のポストは税務大学校長であった。

いずれの例をみてもわかるように、総務課長になれなかった人でも、地方局長から中二階に戻ったり、総務課長に準ずる課長になって地方局長となり、OBとなるケースなどさまざまであるが、それなりにその地位、名誉はちゃんと保証されているのである。

次官誕生とともに消える同期生

このようにして最後の篩にかけられ、二、三人を残してほとんどがOBとなり、やがて一人の次官を輩出すると、同期生は全部消え去ることになる。これは何か決まった規則のようなものがあるわけではなく、後にみるように、終戦当時の人事的混乱状態を経験した官僚たちが、自らルールを確立しておかないと収拾がつかなくなるということを学び、その貴重な体験から生み出した不文律なのである。

竹内道雄の年次は一七名で、彼が次官になった五十年七月に、現役として残っていたのは財務官の吉田太郎一と行政管理庁次官の平井廸郎の三人だけであった。局長級ポストについた連中はいずれもその二、三年前にOBになってしまった。関税局長の赤羽桂は四十六年十月になったが、一年後の四十七年十一月に亡くなった。国際金融局長の林大造は四十八年にOBになった。下条進一郎は四十七年六月の異動で日銀政務委員を辞めている。一緒に残ったとはいっても平井は行政管理庁に転出してしまったし、財務官の吉田も一年後の五十一年には辞めて顧問になった。したがって、残ったのは竹内一人である。これは竹内が次官になる前に、澄田・鳩山・吉田・相沢の各次官が竹内の同期生の肩を叩いてしまったわけだ。早い人は四十一、二年ごろからOBになって公団・事業団の理事になっている。

昭和五十三年の異動では吉瀬維哉（昭21年組）が次官を勇退し、後釜には大倉真隆が主税局長から次官に昇格したときだが、この時期まで残っていた同期生は財務官の松川道哉（昭22年前期組）だけで、大倉次官の誕生とともに現役を勇退、顧問になっている。国税庁長官の田辺博通（昭22年前期組）や行政管理庁次官になった小田村四郎（昭22年前期組）はいずれも五十二年に辞めている。

長岡実は昭和五十二年に主計局長となったが、この年に残った同期生は一人もいなくなり、長岡の主計局長就任とともに外部転出者を除き全部勇退している。理財局長の岩瀬義郎、銀行局長の後藤達太、国際金融局長の藤岡真佐夫、北海道開発庁次官の秋吉良雄がそれで、防衛庁官房長から防衛施設庁長官になった亘理彰は外部の人として例外的に残った。

長岡の後の次官は田中敬だが、このときは同期生が二人同居している。財務官の佐上武弘である。前年までは国際金融局長の旦弘昌、証券局長の山内宏、原徹防衛庁防衛局長、戸田嘉徳公取委事務局長も残っていたが、旦・山内・戸田の三人は勇退、原は田中が五十五年に次官になったとき防衛庁次官となった。佐上の次官との同居は例外で、序列と慣例を重視する官僚の世界では異例のことといえる。

高橋元が主税局長になって二年目の五十四年には、一緒に残っていた銀行局長の徳田博美が辞め、大蔵省内には一人も同期生はいなくなった。

二十五年組では残っている人は次官候補で主計局長の松下康雄、財務官の渡辺喜一、国税庁長官の渡部周治、国土庁官房長の福島量一の四人だが、来年になると渡部は勇退し、福島は国土庁の人となっているため、松下と渡辺の二人が残ることになろう。渡辺財務官は佐上と同じように松下次官と同居することが予想される。

二十六年組も山口光秀（官房長）・加藤隆司（国際金融局長）・吉本宏（理財局長）・清水汪（環境庁企画調整局長）と四人に絞られてきたが、やがて山口一人を残していずれはOBになる運命にある。

三章　経験から生れた〝順送り人事〟

不規則時代の悲劇——停滞する人事

五十六年の異動では田中敬（昭23年後期組）が次官を辞めたが、その前年は長岡実（昭22年後期組）、その前は大倉真隆（昭22年前期組）、その前は吉瀬維哉（昭21年組）と、各年次から次官が出て、一年経つと辞めて行くことが一種の不文律のようになっている。また次官を出した組の同期生はいっせいに辞めてＯＢになってしまうというのも慣例めいたようになっている。事実、いくら次官になったといっても、先輩が残っていたのではやりにくくてしようがないだろう。

そこへいくと昔は極端な例が多かった。今では考えられないケースとして、一人で次官を二回もやった人が幾人もいた。あるいは同期生の間で次官のタライ回しをした例もある。先輩たちのいわば一種の横暴で、そのために後輩たちは苦杯をなめさせられたものだ。

市来乙彦（明29年組）・神野勝之助（明29年組）は二人とも主計局長と理財局長を四、五年つとめ、勝田主計（明28年組）のあと大正五年暮から十一年六月までの五年半を市来と神野の二人が並んで次官をやってきている。このため明治三十年組から三十四年組の人たちはまったく芽がなかったといっていい。主税局長として名をあげた松本重威（明31年組）はついに次官になれなかった。森賢吾（明33年組）は、いまでいう国際派の先覚者に属するが、それもポストがなかなか空かなかったための海外行きであった。

その後西野元（明35年組）・小野義一（明36年組）・田昌（明37年組）・黒田英雄（明38年組）と各年次から次官が続いたあたりはそれなりの序列があったが、それぞれ二年、三年の次官をやれば、誰かが犠牲を被ることになる。事実、明治三十九年組、四十年組からは本省の局長になった人がおらず、造幣局長・地方税務監督局長・税関長・専売局長行きで終わっている。黒田のあとの次官が河田烈（明41年組）へ飛んでいるのは、人材の不足もあったろうが、頭がつっかえていては飛ばさざるをえないことになるわけである。

昭和四年七月、政友会の田中義一首相は、張作霖爆死事件（昭和三年六月四日）の責任者処罰について、関東軍の河本大佐を停職処分にしただけでお茶をにごしたので、天皇の怒りにふれ、辞表を奉呈、政友会内閣は崩壊した。ついで民政党総裁の浜口雄幸（明28年組）に大命が降下、浜口内閣が誕生した。大蔵大臣は三土忠造から日銀総裁の井上準之助が就任、黒田英雄は次官を辞め主計局長の河田烈が新たに大蔵次官となった。そして主税局長の藤井真信（明42年組）が主計局長に、主税局長には東京税務監督局長の青木得三（明42年組）が就任した。

黒田は政友会系とみられていたから、民政党内閣の誕生とともに辞表を出し、河田烈はこのために民政党寄りとみられることになった。青木得三の起用も民政党による抜擢といわれた。この人事は、政党政治に支配されたものといわれ、大蔵省といえども例外ではなかったとの印象を一般に与えた。

次官が黒田から河田へ飛んだため、明治三十九、四十年組の人たちはウダツが上がらないことになったことはいうまでもない。ところが民政党内閣が挂冠して、再び政友会内閣が誕生するや、大蔵次官は、河田のあとに黒田が次官の再登板をすることになったから、人事の停滞はさらに大変なことになった。主計局長の藤井は五年間も留任するが、主税局長は民政党寄りの青木を更迭し、青木と同期の横浜税関長をしていた中島鉄平（明42年組）を起用する。このため青木は飛ばされることになった横浜税関長には赴任せず、大蔵省に辞表を出す。藤井が主計局長のときの予算決算課長は川越丈雄（明43年組）で、この人も長い間このポストにあったが、先輩がどかないので塩漬けにされたようになった。結局、主計局長にはなれず、昭和七年十一月、預金部長となるのである。一方、主税局長のほうは、青木と中島の同期生で七年も占めることになり、次の主税局長は石渡荘太郎（大5年組）へ飛んでしまう。このため税畑を歩いていた多くの人たちは全部ＯＢとして外へ出されてしまうのである。

このころから、「三丁目一番地」という言葉がはやった。これは三等一級になると、高等官としての月給が判任官よりは倍に膨らむけれども、ここから勅任官にはなかなかなれず、吹き溜りになることから、この言葉が生れたらしい。こういう状況であるから、勅任官になれれば、官僚としては出世したものと割り切るように仕向けられたのであろう。

ところで黒田の次官再登板は、民政党の若槻内閣から政友会の犬養内閣に変わって、大蔵大臣の高橋是清が井上準之助前蔵相の金解禁政策をやめ、金輸出再禁止をするために起用したということになっている。ところが昭和九年五月にいわゆる帝人事件が起きて、斎藤内閣が総辞職するという事態に発展、黒田次官は警視庁に召喚、強制収容された。この問題で大蔵省は上を下への大騒ぎとなったが、五月二十一日、黒田次官以下四人の休職を発令、後任の次官には主計局長の藤井真信、主計局長には賀屋興宣（大6年組）、銀行局長には預金部長に回った川越丈雄が就任したのである。

ところが斎藤内閣は綱紀問題について責任を負って総辞職したため、組閣の大命は海軍大将岡田啓介に降下、大蔵大臣には藤井次官が昇格することになった。次官となってから四十日余で大臣というのであるから、世間はアッと驚いた。しかし藤井は日頃から健康を害していたため、大蔵大臣になって四ヵ月、ついに病床に伏し、議会に出席することができなくなったため、岡田総理に辞表を提出せざるをえなくなった。ここにも藤井の数寄な運命を思わざるをえない。藤井は昭和十年一月に亡くなった。藤井のあとを高橋是清は七度目の大蔵大臣に就任するのだが、昭和十一年の二・二六事件でこれまた悲劇的な最期を遂げた。

馬場刷新人事とその反動

津島寿一（明45年組）が藤井のあとの次官になった前後の年は、まさに激動の時代であった。昭和八年日本は国際連盟を脱退し、九年には「帝人事件」が起こり、十年になると美濃部達吉の天皇機関説問題が起こる。いずれも日本がファシズムの道へ突き進む前奏曲であった。

この天皇機関説問題は、学説排撃問題にとどまらず、いわゆる重臣ブロック排撃、岡田内閣打倒運動へと進むようになってきた。この問題に対し、岡田は美濃部擁護の姿勢でいたが、軍部のみならず、政党までもが「国体明徴決議」をすることによって屈服し、八月と十月の二回にわたって国体明徴の声明を発した。これは議会主義を標榜する政党が自ら墓穴を掘るものであり、議会中心主義を否定する象徴的な出来事であった。

そういうなかで政友会と民政党は、陸軍パンフレット問題を契機に連携気運もみえたが、例によって政争に明け暮れ、第六十八議会の休会明けには政友会が内閣不信任案を出した。このため岡田内閣は衆議院を解散、二月二十日に総選挙が実施されたが、民政党二〇五、政友会一七一となって与党が多数を占め、これで政局は安定するはずであった。

そこへ突如として二・二六事件が勃発した。近衛歩兵第三連隊、歩兵第一・第三連隊の青年将校、下士官、兵のほか若干の民間人が参加した部隊が"君側の奸"を排除し、昭和維新を実現することを呼号して蹶起したクーデターであった。反乱軍はやがて断罪されるのだが、これによって軍部が粛正されるわけではなく、むしろ一段と政党政治非難の空気は強まり、次期広田内閣組閣の際にも大きく影響するようになる。

広田は大蔵大臣に最初から日本勧業銀行総裁の馬場鍈一（明36年組）を起用することを考えていた。馬場は勧銀総裁時代に「軍備もひとつの生産ではないか、生産事業だ」「日本はこの際今までの財政方針を一擲して、軍備もひとつの生産であるという考えで政策を進めて行くべきだ」ということを、よく農工銀行大会などで言っていた（荒井誠一郎（大3年組）口述「高橋財政と国債政策」）。そういうこともあって、陸軍の評判はよく、また当時の満洲事変がはじまっており、これと呼応して、馬場の政策論は世間の喝采を博した。広田もこれからの財政を考える上で軍部とあまりギクシャクしない大蔵大臣として格好の候補であり、これならば軍にも受け入れられるであろうと計算したわけだ。

これは大蔵省の伝統的な健全財政主義とはまったく違った考え方であった。したがって大蔵省の人事は大きく刷新される運命にあったといっていい。三月九日、広田内閣は成立し、三月十一日には大蔵省幹部の大幅異動が発令された。津島寿一次官は勇退、中島鉄平専売局長官も勇退、川越丈雄対満事務局次長が大蔵次官として戻り、荒井誠一郎銀行局長が専売局長官となり、後任銀行局長には外国為替管理部長の和田正彦（大2年組）が任命され、その後任には荒川昌二（大5年組）銀行検査官が任命された。また石渡荘太郎主税局長は山田竜雄（大7年組）新主税局長と入れ替って内閣調査局調査官（勅任）となり、青木一男（大5年組）理財局長は対満事務局次長に転出、広瀬豊作（大6年組）文書課長が理財局長に昇任した。また主税局調査課長には山田新主税局長と一緒に内閣調査局に出向していた松隈秀雄（大10年組）が任命され、前任の大矢半次郎（大7年組）国税調査課長は銀行検査官（勅任）となり、松隈に代って内閣調査局調査官（奏任）としては山際正道（大14年組）銀行検査官が任命された。

この人事異動はかなり大幅なもので、賀屋・石渡・青木の〝大蔵省三羽烏〟はチリヂリバラバラにさせられ、これまで三土閥のもとで不遇をかこっていた連中は拍手喝采だったといわれ、新聞はこの異動を評して「派閥＝ブロックは解体された」などと書き立てた。

その後五月末に賀屋主計局長と広瀬理財局長の入替えが行なわれた。賀屋によれば、「馬場蔵相は……私には主計局長として留任を求めた。属僚といえども、信念をもって政策的に動いてきた私には、軍部迎合といわれていた馬場氏のもとで予算編成には当たれない。省内にとどまるにしても、金融方面にかえてもらいたいと申し出た。そして十一年度実行予算編成を終ると五月に理財局長に転じたのだった。こうして大蔵省の幹部は軍部抑制派から迎合派に変ったわけである」（賀屋興宣『私の履歴書』、日本経済新聞社）

とのべている。

この馬場人事の台本作者はだれであったか。当時の政治記者であった有竹修二が、後年まとめた本の中で、

「その間の事情を的確に記述した文献はないが、やはり、内閣調査局調査官から大蔵省主税局長に抜擢された山田竜雄と長沢秘書官の進言によるところが多かったと見られる」（有竹修二『昭和大蔵省外史』中巻、財経詳報社）

と書いている。つまり馬場は大蔵省のブロックを形成していた主流に属する人々を省の中心から排除したのだが、同時に筆者である有竹は、

「この主流の人々の派手やかな存在に対して非主流の人々の反感らしいものがあった」（前掲書）

とみている。

この広田内閣は長続きしなかった。十二年一月二十一日に再開された第七十回議会で寺内陸相と浜田国松議員の腹切り問答（粛軍演説）から政党対軍部の対立に発展し、議会解散かと伝

えられたが、一月二十三日、広田内閣は解散を断念、総辞職する。一月二十四日、宇垣一成陸軍大将に大命が降下し、組閣に努力したが、陸軍の協力が得られず二十九日に至って大命を拝辞、同日、林銑十郎陸軍大将に大命が降下、二月二日に林内閣が成立、親任式が行われた。大蔵大臣は日本興業銀行総裁結城豊太郎に決まった。

大蔵省は再度大幅異動が行なわれることになるのである。次官の川越丈雄は法制局長官に転出し、賀屋興宣理財局長が大蔵次官となる。理財局長には関原忠二（大2年組）預金部長が就任し、預金部長には入間野武雄（大5年組）造幣局長が就任した。山田竜雄主税局長は造幣局長に転出し、石渡荘太郎内閣調査局調査官が再度主税局長となった。主計局長の広瀬豊作はそのときは動かなかったが、五月になって入間野預金部長を銀行局長に変え、そのあとに広瀬を転任させている。そして新主計局長に谷口恒二（大8年組）を昇格させた。馬場人事の反動がやがて来るであろうという当時の風評は、文字通りやってきたといってよかった。

賀屋は馬場人事によって軍部抑制派から軍部迎合派に変わったといったが、あれから一年たたずして刷新人事を旧に戻したばかりでなく、若干の報復人事もやった。かつての健全財政主義を唱えていた人たちが再び大蔵省の中枢に坐ることになり、顔ぶれからいえば大蔵省は再び軍部抑制派に変わったはずなのに、その後の動きをみると、実は軍部抑制にはならなかった。当時の新聞記者だった西野喜与作は、戦後になってからであるが「昭和の財政を語る」という中で次のようにのべている。

「馬場さん時代になりますと、大蔵省が財政上の指導をする権威はなくなったと思っている。……二・二六事件以後は簡単にファッショの段階になったために、馬場財政はそれに合したものと思う。……二・二六事件が起こったとき、……それを批判する社説を書くか書かないかで議論があった。内部の意見としてはそういうことは書いてくれては困る、そういうことをすると反乱軍ににらまれる恐れがある。私は、社説記者がこんなときに社説を書かなかったら、社説記者の必要はないと言って書くことを主張した。主筆の近藤忍も書かなければならないと言って、死ぬ思いをして書いた。暴力団のなぐり込みを覚悟しての上だ。翌日新聞を見たが、どこにも二・二六事件批判の社説はなかった。新聞も初めは反乱軍とは言っていない。決起部隊と言ってあった。反乱軍とは書けない。どこの新聞も腰抜けになってしまった。どこの新聞も今までの自由主義を捨てて、皆ファッショになった。大蔵省も青木・賀屋というものはだめになった。二・二六事件から思想的に変ってきて、現実に政策ももう変ってきていた。それ以後の財政政策は、若干は大蔵省の論も出たかもしれんが、要するに軍部迎合政策で、終戦までそうだったと思う」（大蔵省官房調査企画課編『大蔵大臣の思い出』、大蔵省）

賀屋は次官になってから四ヵ月で、今度は大蔵大臣に就任することになった。林内閣が総辞職したため、結城蔵相は賀屋に蔵相となることを勧めたからである。そのため大蔵省はまたまたトップの異動をみることになる。次官は主税局長の石渡荘太郎が昇格し、その後任には東京税務監督局長の大矢半次郎が就任する。ところが石渡荘太郎が次官を辞めたあとも、大正六年組が二人（大野竜太・広瀬豊作）も続けて次官をやったため、谷口の主計局長は四年、大矢半次郎の主税局長は三年半、入間野武雄の銀行局長は三年と続き、人事の停滞は極端になった。大正七年組以降の各年次で本省の局長になった人は二人ないし三人、大正十一年組、十三年組に至っては一人もいないという状況になった。

いってみれば戦前の官僚は、政党政治に振り回され、軍部支配の時代は官僚も革新官僚となって一応の独自性を保持できるようになるのだが、それでも先輩のひきがあるかないかによって出世レースは大きく違ってきた。レースのコースに乗れない人は地方税務監督局長として一応は勅任官になるものの、ＯＢにさせられるという厳しい歩き方をさせられるのである。

敗戦、追放で変則人事となる

戦後も一時期は混乱のさなかにあった。敗戦で鈴木貫太郎内閣は総辞職し、東久邇内閣が誕生したとき、大蔵大臣には津島寿一が再度かつぎ出されて就任する。前の大蔵大臣の時はわずか二ヵ月で辞めたが、二度目も二ヵ月で辞めた。十月に東久邇内閣が総辞職したからである。その後に誕生したのは幣原喜重郎内閣で、大蔵大臣には日本銀行総裁の渋沢敬三に白羽の矢が立てられた。渋沢は就任をしぶったが、山際や新木栄吉日銀副総裁にけしかけられ、いやいや引き受けることになったが、山際には次官としてとどまることを条件にした。

ところが二十一年一月、山際次官は終戦前の次官時代に外資金庫理事長を兼ねたことが理由となって公職追放令にひっかかり、辞任を余儀なくされることになった。このときは山際のほか専売局長官の植木庚子郎（大14年組）、金融局長の久保文蔵（大15年組）、主計局長の中村建城（大15年組）も外資金庫理事を兼ねていたためいっせいに追放となり、大蔵省としては首脳部人事をどうするかが大問題であった。

そこで後任の大蔵次官には大阪財務局長の山田義見（大12年組）が抜擢された。山田は山際より二年早い入省者だが、主流を歩くことがなかったから、追放にもひっかからずにいられた。今でいえばやがて肩を叩かれる窓際族であった。ところが、はからずも降って湧いたように大蔵次官というのであるから、山田は思わざる拾い物をした。したがって山田の次官就任は大蔵省トップ人事の中では例外中の例外であったのである。

次官以下の人事については、渋沢・山際・山田の三人が鳩首協議した結果、主計局長には野田卯一（昭2年組）、金融局長には日銀から引っ張ってくるということで江沢省三（大14年組）、外資局長には櫛田光男（昭2年組）、専売局長官には杉山昌作（大14年組）、大阪財務局長には石井茂樹（大13年組）を起用し、主税局長の池田勇人（大14年組）はそのまま留任とすることが決まった（それから三日後に金融局を銀行局と理財局に分割し、外資局は理財局に吸収する機構改革を行い、戦後初代の銀行局長には江沢省三、理財局長には櫛田光男が就任することになった）。山田次官誕生は戦後の変則人事のはしりともいえるものだが、一年一ヵ月後に山田次官勇退したあとの次官人事がこれまた変則人事といわれた。山田次官のあとは当時主計局長をしていた野田卯一が本命とみられたが、当時の大蔵大臣石橋湛山が、主税局長の池田勇人を登用したからである。

池田は大蔵省の中では京都大学出身の当時としては傍流を歩く恵まれなかった仲間に入っていた。宇都宮税務署長のとき、何万人に一人という奇病――天疱瘡という病気にとりつかれ、全身にわたる水ぶくれとかゆみのため病室をころげ回る状態になった。このため休職になり、五年後に退職願いを出して郷里広島に帰った。

この奇病も一家をあげての看病の甲斐あって全快し、日立製作所入りが決まった。上京して最後のあいさつのために大蔵省に電話を入れたことが池田に幸運をもたらした。

電話に出たのは松隈秀雄で、二年先輩の秘書課長谷口恒二に相談したところ、早く大蔵省に顔を出すようにとのこと、池田はこの一声で大蔵省に戻ることができた。

しかしこの間のおくれは、池田にとって痛かった。同期の連中は本省の課長補佐か地方局の部長になっていたのに、まだ税務署長だったからだ。それでもエリートだったことが幸いして徐々に出世し、地方局の部長になり、昭和十六年には主税局国税課長に栄転した。この当時は局次長制がなく、局長になるのに一番近い最右翼のポストだったから、池田は大はしゃぎして喜んだ。ところがその後東京財務局長になり、これで役人生活も最後かなと思ったが、津島寿一が大蔵大臣になるや、主税局長に抜擢されることになる。この人事がいかに異例のものだったかは、当時の新聞が〝初の京大出身局長〟と報道したことでもわかる。

当時他の局長たちは次のような顔ぶれだった。総務局長は山際正道、主計局長は植木庚子郎、理財局長は式村義雄（大12年組）、銀行保険局長は迫水久常（大15年組）、外資局長は久保文蔵、国民貯蓄局長は氏家武（大13年組）で、出発時点で出世がおくれていた池田は、ここへきて同格に並んだ。

その池田が次官というのだから、本人も驚いたが、世間も驚いた。石橋は官僚世界の常識を破ったのである。これは石橋がやがてくるであろう総選挙に池田が広島から立候補しようとしている話を聞いて、ハクをつけるために次官にしたといわれる。しかし野人である石橋が、官僚世界の常識にとらわれず、自分に忠実な人物を次官にしようということで池田を買ったとみるのが事実であろう。

石橋蔵相は、池田を次官に据えたあと三ヵ月後には辞めざるをえないことになった。というのは、昭和二十二年三月三十一日、旧憲法下最後の帝国議会衆議院が解散され、四月二十五日には新憲法による衆議院選挙が行われ、社会党が第一党となったため、吉田内閣は総辞職しなければならなくなったからである。

社会党首班の片山内閣ができて、大蔵大臣には当初総理の片山哲が兼任、ついで矢野庄太郎がなったが、大臣に就任して一ヵ月にならないうちに病気で倒れるというハプニングが起こり、栗栖赳夫が後任蔵相にひっぱり出されることになった。ところが片山内閣はわずか八ヵ月で崩壊、政局は混迷に陥り、難産の末やっと芦田均内閣が誕生した。栗栖は引き続き蔵相を引き受け、一方、事務次官の池田も引き続き担当し、結局、片山・矢野・栗栖と三代の大臣につかえた。そして芦田内閣が成立した翌二十三年三月十一日に次官を一年十ヵ月勤めて退官する。

そのあとは主計局長の野田卯一が次官に昇格した。もともと次官本命とみられていたのだから、池田が退いたあとの次官は当然の人事であった。この時期も終戦前後に劣らず、大蔵大臣がめまぐるしく変わった。芦田内閣は北村徳太郎、吉田内閣時代は泉山三六、大屋晋三と三人の大蔵大臣に野田は次官としてつかえた。第三次吉田内閣のとき、池田蔵相が誕生、野田は日銀副総裁か専売公社総裁かに行くことになり、自ら専売公社を選択するのだが、そのうちに総裁は民間人でなければいかんという議論が出てきたため、総裁に秋山孝之輔がなり、野田は副総裁に甘んじることになった。このとき野田の政界入り決意が固まり、翌二十五年の参議院選挙に立候補当選した。

長沼(昭4年組)から舟山(昭3年組)へ

池田は一年一ヵ月で次官をやめ、二十四年一月の総選挙で郷里の広島から立候補し当選した。その池田がこんどはなんと大蔵大臣に就任することになった。というのは、吉田首相に池田の年の若さとバイタリティを買われたのである。第三次吉田内閣はスタートのときから蔵相難に陥っていた。公職追放で有力な政財界人がいなくなってしまった上に、一年に一〇回も補正予算を組むような政治的、経済的混乱の時期だったので、並みの体ではとても勤まる仕事ではなかった。そこで池田に白羽の矢を立てたのが、宮嶋清次郎で、吉田の政治指南番、宮嶋のいうことなら間違いあるまいということで、このとき五十歳の池田が代議士一年生で大蔵大臣の金的を射止めたのである。

この池田蔵相のもとで大蔵次官に就任したのは管理局長の長沼弘毅（昭4年組）である。大蔵次官といえば、主計・主税・銀行の局長ポストについた者が普通ならばなるはずなのに、これら主流からは外れている管理局長がなったのだから、これは変則人事といわれた。なぜ変則なのかについては、少なからぬ因縁がつきまとっていたようである。

戦前、戦中にかけて〝偶数次官説〟というのがあったそうである。賀屋興宣・大野竜太・広瀬豊作と、同期生による次官のタライ回しが続いたあと、谷口恒二・松隈秀雄・田中豊（大12年組）・山際正道と偶数年次入省組が次官になり、奇数年次は飛ばされてしまったからである。次官を二年やっていると各年次から次官を出していたのでは人事がつっかえてしまうので、やむをえず一年飛ばすことが慣例になったといわれた。

その伝で行くと、山際正道のあと、山田義見・池田勇人の二人は戦後の例外として、野田卯一のあと長沼と来るのは、いかにも〝偶数次官説〟を踏襲しているかにみえるわけである。また長沼と同期の人では福田赳夫・前尾繁三郎らがおり、長沼よりはいいポストを歩いていた。ところが福田赳夫は銀行局長から主計局長になって次官本命のコースを着々と歩いていたところ、運命のいたずらか、昭和二十三年九月、昭和電工事件に連坐して失脚、休職に追いやられた。そして主計局長の後任は、官房長だった河野一之（昭5年組）が昇格した。一方、前尾は二十二年二月に主税局長となったが、GHQが指令してきた徴税の強化に抵抗したため、解任を要求され、首になるところを池田がかばって造幣局長に回した。だからそのときすでに次官の芽はなかった。したがって当時としては長沼の次官やむなしということだったかもしれない。

一方、昭和三年組はどうだったか。この年次の人たちはあまり恵まれていなかった。よくて地方財務局長・造幣局長で、本省の局長になったのは国有財産局長の舟山正吉ぐらいのものであった。しかし長沼が次官になった年の昭和二十四年六月に舟山は当時はじめてできた日銀政策委員会の大蔵省代表委員として送り込まれることになった。これで舟山は大蔵省を卒業したと思った。ところが銀行局長だった愛知揆一（昭6年組）が参議院選に出るため、辞任（二十五年二月）することになって、後任を探したところ適任がいなく、池田は舟山を政策委員兼任のまま銀行局長にさせたのである。このとき昭和六、七年組が局長になる時代で、三年組の舟山が局長になるのは異例のことであった。

こういった事情があったから、長沼の次官就任はやむをえないとみられたのだが、それでも政界筋の押し込み工作でなったのだとか、いろいろ面白くない噂が立てられた。これには長沼自身の過去にまつわるいわく因縁がつきまとっていたからといっていい。

長沼は、高橋是清が二・二六事件の犠牲になって死去したあと大蔵大臣になった馬場鍈一の秘書であったことはさきにふれたとおりである。馬場は刷新人事で当時の主流派といわれた連中を全部飛ばし、賀屋・石渡・青木のトリオ体制は崩壊したといわれた。この刷新人事の入知恵をした影の黒幕が主税局長の山田竜雄と秘書官の長沼だ、といわれ、その怨念は、当時の主流派に隠然として残っていた。

馬場体制は一年足らず、わずか十一ヵ月の寿命で終わり、新しく蔵相となった結城豊太郎は賀屋理財局長を次官に据え、馬場の変則人事を旧に戻す措置をとった。このとき以来、長沼は大蔵省の中では主流を歩けない立場におかれたといわれ、事実あまり目立ったポストは歩いていない。終戦の年は専売局の塩脳部長で、二十一年六月に新設された特殊財産部長として本省に戻った。その後、この特殊財産部は管理局となり、長沼はその局長に就任した。

二年後、野田卯一のあとの次官に就任したのは、池田が代議士一年生で大蔵大臣となったことに対する党人派の反発があって、大蔵次官人事で口ばしを入れたからだといわれた。事実、長沼は特殊財産部長時代から大野伴睦（民主自由党代議士）に近づき、その知遇を得て、そのためにはからずも次官ポストに坐ることができたのだといわれた。

長沼は二年二ヵ月在任して辞めたが、後任次官は銀行局長の舟山正吉が就任することになった。四年組から三年組にさかのぼって次官が出て来たわけだから、序列を重視する官僚の世界としては異例の人事ということになるわけだ。そこには後輩たちが先輩たちの歩き方をみて、不自然な人事はやめさせようという配慮があったことは事実である。そして官房長だった森永貞一郎（昭6年組）の手腕が大きかったとみられる。このときから、次官人事は悶着を起こさないように各年時から輩出するという不文律ができあがり、二〜三代前の次官がレールを敷いておくということになった。いうなれば「ご馳走は分けて食おう」というわけである。

長沼は二十六年に退官したあと、国際ラジオテレビセンター会社を創設したが、三十三年から一年間、公正取引委員会委員長をつとめ、その後は官房の用意する再就職先を渡り歩いた。シャーロック・ホームズの世界的研究家として知られ、国際的なシャーロッキアンのクラブである「ベーカー・ストリート・イレギュラーズ」の日本でただ一人の正会員であった。五十二年四月に心不全のため亡くなった。七十歳。

次官を出さない例外人事もある

こうして各年次から次官輩出という不文律ができたのに、それでも次官を出さない年次がある。昭和十一年組と二十年組と二十三年前期組がそれである。

昭和十一年組といえば、さきに亡くなった大平正芳総理大臣と同期の仲間である。このときの入省者は全部で九人だが、本省の局長になったのは福田久男（為替局長）・宮川新一郎（理財局長）・山下武利（管財局長）、局長ではないが財務参事官になった磯田好祐を加えて四人にすぎない。

同期の中では山下がいち早く主計局総務課長となって頭角をあらわしたが、官房財務調査官（調査担当）のあと主税局税関部長となり、防衛庁経理局長として出向したあと本省に戻ったときは管財局長であった。二年先輩の石原周夫（昭9年組）のように官房長・主計局長という歩き方ではなかった。その後、特命全権大使としてアメリカに行き、四年後には退官している。

これに対して宮川新一郎は総務課長を管財局と理財局の二つで経験し、ついで文書課長となり、俄然同期のトップに躍り出る。その後、主計局次長・経済企画庁官房長となり、ついで本省の官房長となった。三十六年に理財局長となり、ここまでくればやがて主計局長、次官本命とみられた。ところが一年後には退官となったことはすでにみた通りだ。宮川・山下のほかは主計局経験者がいない以上は次官を飛ばすほかないとみられ、急遽佐藤一郎（昭12年組）にお鉢が回ることになった。このため谷村裕（昭13年組）は最短距離で主計局長、次官へのぼりつめることになったとみられている。

二十年組が次官を出さなかった経緯は、一章（13ページ）にみた通りで、この期の同期生は一二人いたが、本省局長以上のポストに進んだのは高橋英明・安川七郎の二人だけで、この二人が「俺たちの分をもう一年竹内に……」といってさっさとOBになったためである。

二十三年前期組もすでにみたような状況で次官を出していない。しかし、辻敬一・井上幸夫の二人は、別の役所とはいえ事務次官となって官僚の最高峰をきわめたのであるからいうことはない。ただ井上は五十六年三月肝不全のため五十四歳で亡くなった。

歴代次官のプロフィール

ここで舟山以降の歴代次官のプロフィールをみておこう。

舟山正吉　銀行畑の主的存在である。終戦後、渋沢敬三が大蔵大臣に就任したとき、金融局長は日銀からということで高松支店長をしていた江沢省三に白羽の矢が立ち、これを補佐する意味で舟山が金融局次長となった。そして二十一年二月、金融緊急措置を手がける。その後東京財務局長・国有財産局長を経て、初代の日本銀行政策委員会大蔵省代表委員となる。このとき、本人はOBになったものと観念したようである。ところが銀行局長の愛知揆一が参議院議員に出馬のため辞めることになって、池田蔵相は舟山を日銀政策委員のまま銀行局長を兼任させた。したがってここで再び現役に舞い戻った。その後阪田泰二（昭6年組）が日銀政策委員となり、舟山は銀行局長専任となり、ついで長沼弘毅のあとの、異例の形で事務次官となったことはすでにふれた。

退官後は日本銀行理事・日本専売公社副総裁・日本輸出入銀行副総裁をやったあと三十七年から四十三年まで中小企業金融公庫総裁になった。その後は国鉄理事を経て日本興業銀行監査役となった。その間、金融制度調査会委員をつとめ、四十一年には山際正道のあとをうけて、第四代の金融制度調査会会長に就任、「中小企業金融制度のあり方について」（四十三年十月）「一般民間金融機関のあり方等について」（四十五年七月）などの答申を行なった。現在は興銀監査役も辞めて悠々自適の境地にある。昭和五十年春の生存者叙勲で勲一等瑞宝章を受けた。

河野一之はもっぱら主計畑を歩き、福田赳夫のあとの主計局長に就任、約五年つとめ、ついで次官となった。戦後の主計局長としては長期記録保持者である。主計局長時代は野党より「公務員法に違反する。ただちに罷免すべきだ」との弾劾を受けたことがある。予算組替えをしたいので組替案をつくってくれという要求に「私は政府の役人で、政党のお雇いではない」といって断ったことから、あいつは生意気だということになったらしい。

退官後は、日本住宅公団副総裁・日本長期信用銀行副頭取になったが、三十八年五月、池田勇人に口説かれて、当時としてはいささか格落ちのする日本相互銀行（日本無尽が相互銀行に転換した）の社長として天下った。しかし、池田が約束した通り、日本相互銀行が太陽銀行として普通銀行に転換、都市銀行の扱いを受けるようになって、その頭取におさまった。その後四十八年に神戸銀行と合併、太陽神戸銀行の初代会長となり、現在は相談役でいる。昭和五十二年秋の生存者叙勲で勲一等瑞宝章を受けている。

平田敬一郎（昭6年組）　税畑の主（ぬし）である。前尾繁三郎の後の主税局長になった。主計の河野と並んで、主税の平田といわれ、これまた局長五年の長期記録保持者である。主税局長のあと国税庁長官となり、ついで事務次官になった。国税庁長官をやって次官になったのは〝次官多し〟といえども、平田と吉国（昭16年後期組）の二人しかいない。ドッジの超均衡財政はインフレ収束のために租税面で厳しい徴税を前提としており、その作戦本部として〝酷税局長〟ともいわれた。三十一年暮に池田が再度の大蔵大臣となったとき、自然増収があったおかげで〝一千億減税、一千億施策〟を手がけ、景気をあおりすぎたこともあった。

森永貞一郎　理財畑の出身、二十一年に愛知官房長のもとで文書課長をつとめ、頭角を現わす。ついで池田勇人が事務次官のときの七ヵ月と大蔵大臣時代の四年二ヵ月、通算すると約五年という長期間の官房長をつとめた。同じポストを二度やるという人事も珍しいことだ。ともかく、池田の信頼が厚かったわけだ。小笠原三九郎蔵相のとき主計局長をつとめ、災害立法の関係で補助金を出す基準を盛り込んだ政令を審議中、災害特別委員会の委員が食い下がって、大蔵大臣が譲歩したとき、森永は発言を求め、重点主義でやらないと災害のひどい地方が困るからもう一ぺん考え直して欲しいという意味のことを言おうとして、「反省される機会を与えて下さい」とやったから、議員がすごい剣幕で詰め寄り、退場を命じられるという経緯があった。これは骨のある主計局長として今も語り草になっている。

次官を辞めてからは一浪のあと中小企業金融公庫総裁・日本輸出入銀行総裁をつとめ、四十二年四月から東京証券取引所理事長に就任した。海千山千の証券界のうるさ型を心服させ、名理事長といわれた。四十九年一月、大蔵省の推薦する日本銀行総裁候補ということで任期の中途で辞め浪人となったが、その年の十二月、晴れて日銀総裁に就任した。五十四年十二月、再選の意思なしとして前川春雄副総裁を後継総裁に推挙、一期で退任した。森永ほどの人物になると、回りがただの素浪人にはさせておかないことになるようで、現在は宮内庁参与として年に二、三回天皇陛下のお話相手をつとめているほか、経済企画庁参与となっている。また銀行の証券業務に関連して、その基準を検討するため大蔵省は、三人委員会を発足させることになっているが、その中の一人として活躍することになっている。

石田正（昭8年組）は理財・銀行畑の出身、次官になるまでに局長を三回もやり、局長になったあとに官房長もやるという複雑な歩き方をした。まず税関部長（税関部は関税局の前身で主税局内の一部であった）という中二階から理財局長になり、二年三ヵ月つとめたあと官房長になった。その後為替局長となったが、二年三ヵ月あとに銀行局長になった。もともとは為替局長にとどまっていた人かもしれないが、銀行局長をしていた酒井俊彦（昭9年組）が一万田蔵相の忌避に会い、銀行局長をおろされるという羽目になり、急遽石田が後釜に回ることになった。酒井の銀行局長が三十二年六月十一日から十一月十五日までの五ヵ月間しかやっていないのはそのためであり、また石田は銀行局長から次官へ進んだ数少ない人の一人になったわけだ。退官後は国民金融公庫総裁・日本輸出入銀行総裁をつとめ、四十八年から長期信用銀行監査役になったが、五十四年三月、肺炎で亡くなった。

石原周夫は主計畑の出身、大蔵省生活三十年間のうち十七年は主計局で過した。石原までのところでは最長記録を誇ったが、鳩山・相沢によってその記録は破られた。〃地下鉄の周（カネ）〃というニックネームがつくほどの大声の持主でもある。防衛庁の前身である保安庁が昭和二十九年に警察予備隊と海上警備隊を統合してできたとき、経理局長には大蔵省主計局の大物をという要望があり、その期待に応える意味で大蔵省は文字通り大物の石原を送り込んだ。いまなら防衛庁に出たらあまり戻らないケースが多く、戻っても主流を歩いて次官になるというわけにはいかない。しかし石原は二年後大蔵省に戻って官房長となり、二年後には主計局長となった。主計局長は石原までが長く、あとは短くなって皆二年ぐらいしかいなくなった。次官時代は三十六年五月から三十八年四月までの二年間で、高度成長政策が始まった年に当たり、水田三喜男・田中角栄の両大蔵大臣につかえた。

次官を辞めたあと浪人することなく開銀副総裁となり、四年後総裁となった。総裁は八年間もつとめている。その後は海外経済協力基金総裁に転じ、五十六年から日本輿銀業行監査役となっている。

石野信一（昭10年組）は理財畑の出身、昭和十七年の賀屋蔵相時代わずか五ヵ月だが、秘書官事務取扱をしたことがある。戦後の二十一年秘書課長となり、大蔵大臣秘書官として一年三ヵ月の間に、石橋湛山・片山哲・矢野庄太郎・栗栖赳夫と四人につかえた。二十六年に調査部長となり、その後調査担当財務調査官と名称が変わったが、同じポストを歩き、理財局次長になっても財務調査官を兼任してきた。文字通り大蔵省の参謀本部をおさえ、数々のキャッチ・フレーズをこしらえて世論を盛り上げた。同期のライバルだった杉山知五郎がアメリカで客死し、早くから対抗馬がなくなった関係で、次官コースを着々と歩き、官房長のあとは銀行局長・主計局長とソツなく終えて、三十八年四月から四十年四月まで次官をつとめた。高度成長の終焉期に直面する時期に大蔵省をやめた。

官界引退後二浪ののち、四十二年五月、神戸銀行頭取に就任、四十八年十月、太陽銀行と合併し頭取になった。現在は頭取のバトンを塩谷忠男（昭16年前期組）に譲り、同行会長におさまった。日銀副総裁の下馬評が浪人時代にあり、また森永のあとの「総裁か」ともいわれたが、噂だけで終った。

佐藤一郎以降については、いろいろの機会にふれることがあるので簡単にふれる程度にとどめておく。佐藤は四十年四月から四十二年一月まで、四十年不況を脱して再び好況を迎える局面、福田赳夫蔵相につかえた。このあとの次官は一年に縮まった。谷村裕・村上孝太郎（昭14年組）の二人がそれである。しかし澄田智（昭15年組）は二年には二ヵ月欠ける一年十ヵ月つとめた。ちょうど福田赳夫が二度目の蔵相のときで、福田と同郷の群馬の出身ということもあって重宝がられた。

鳩山威一郎（昭16年前期組）が次官になったとき、就任早々、十六年組は前期と後期と二つあるので、両方で二年ずつやったのではえらいことになるので、自分は一年だけやり、あとの一年は後期組に譲るということを宣言した。ちょうどニクソン・ショックの時期に際会し、外為市場閉鎖論にくみしながらも、国際派に押され市場を開けてドルの殺倒を許した。しかし、四十七年二月の米ボルカー財務次官来日には市場閉鎖を実行した。

吉国二郎（昭16年後期組）は国税庁長官をしていたが、鳩山の後をうけて一年の次官をつとめた。二年浪人のあと横浜銀行頭取伊原隆（昭6年組）の懇請をうけて横浜銀行入りし頭取に就任した。主税畑ではあるが、証券行政にも精通しているので大和証券が三顧の礼をもって迎え入れようとしたが、横浜銀行のほうが一歩早かった。現在は地方銀行協会長をも勤め、地方銀行界の名リーダー格となっている。

吉国のあとは相沢英之（昭17年組）・高木文雄（昭18年組）がそれぞれ一年の次官をつとめている。鳩山・吉国が一年次官となると、後の次官も一年で辞めざるをえなくなる。ただでさえあとがつっかえているので、各年次順送り人事をやっている以上は、誰かに二年頑張られたのでは人事停滞の原因になりかねない。ところが竹内道雄（昭19年組）は二年つとめた。これはすでにのべた通りの事情による。日本人ばなれした風貌から〝大蔵省の中の異邦人〟といわれ遊びにかけても一流の腕をもつ。先の見通しがよく、仕事にムダがないとの定評がある。竹内が官房長の時代は四十六年六月から四十八年六月まで、ニクソン・ショックにはじまって為替問題に振り回された。夜は夜で新聞記者に夜回りさせられ、睡眠不足になったため、デパートへ行って「本日終了致しました」という看板を買ってきて、玄関にかけて寝てしまったことが有名になった。その後理財局長・主計局長とお定まりのコースを歩き、五十二年に二年の次官を勇退、五十三年十月から澄田のあとの日本輸出入銀行総裁に就任した。

竹内のあとは二十年組を飛ばして吉瀬維哉が主計局長から昇格した。五十二年度予算案が国会で修正され、保革伯仲時代の予算編成の難しさを体験、大蔵官僚挫折の時代に入ったともいわれた。一年浪人のあと五十四年四月、日本開発銀行副総裁に就任、二年後の五十六年四月、総裁になった。

大倉真隆は吉国・高木に続く主税畑からの昇格である。五十二年度予算の国会審議で、大蔵省は当初野党の主張する一兆円所得減税には反対であったが、保革伯仲の勢力バランスで押しまくられ、ある程度の減税には応じざるをえないことになった。この厳しい政治情勢の読みを間違ったことに対して、中堅幹部からの批判は厳しかったようだ。こういった空気を反映して、一般消費税創設どころか逆に減税をやらざるをえなくなっては、大倉主税局長の存在理由がないではないか、したがって大倉の次官昇格は怪しくなったのではないか、などと雑誌のゴシップ欄に書きたてられたものだ。しかし主税局長を三年つとめあげ、五十三年六月の定期異動で次官に昇格した。一年で次官を辞め、一浪のあと国民金融公庫総裁に就任した。

大倉のあとは早くから本命視されていた主計局長の長岡実が五十四年に主計局長から昇格した。五十四年という年は大蔵官僚にとって受難の年であった。「財政再建」という課題に対して一般消費税創設を打ち出したことが世論の反発を招き、秋の総選挙は政府与党の自民党が期待したような長期安定勢力としての二七〇議席はおろか、前回の議席の二四九を一議席下回る二四八議席という結果になって、事実上敗北した。それだけでなく、鉄建公団不正経理事件にからんで大蔵省職員も過剰接待を受けていたことが明るみに出て、マスコミは待ってましたとばかり大蔵官僚を叩いたものだ。そこで大蔵省は「綱紀点検委員会」（座長＝松下康雄官房長、現主計局長、昭25年組）を設け、事実関係をしらべ関係者の処分を行い、姿勢を直す措置に出た。このときは長岡自身が松下官房長とともにに戒告処分を受けるという厳しい罰を受けた。本来なら長岡は二年次官の下馬評もあるほど人望があったが、一年で辞め、バトンを田中敬に渡した。

長岡は水田三喜男蔵相時代に秘書官をしていた関係もあって、水田が昭和四十年に創立した城西大学に「ご恩返しに大学で講義を」と申し出て教授となり、財政学を講義、それをまとめた『素顔の日本財政』（金融財政事情研究会、昭和五十六年）を上梓した。五十六年七月、専売公社副総裁となった。いずれ総裁に昇格か、もしくは公庫・金庫の総裁になることは確実である。

長岡の後は田中敬が昇格した。理財局長時代、いわゆる六・一国債の価格が暴落、市況対策が国会で問題になったとき「証券会社のお行儀が悪いから国債が必要以上に暴落するのだ」と発言、物議をかもした。五十四年の定期異動では主計局長にこの際若手を起用してはどうかという話も出たらしい。しかしここで田中が主計局長とならないと次官本命になれないことになり、したがって、各年次から次官輩出を不文律とする大蔵人事の異例のケースをつくることになりかねない。昭和二十三年前期組は次官を出さないことが確定しているところへ、もう一期飛ばすことになると、若返りには都合がいいが、人事の公平さをいささか欠く憾みが出てくる。そういった配慮も働いて、晴れて田中主計局長が誕生したとみられている。しかし田中は一年で次官となり、五十六年六月には勇退した。

四章　〝パーキンソンの法則〟通りの出向人事

高度成長とともに出向人事も膨張

パーキンソンの法則はイギリス海軍の経費の研究からはじまったといわれる。現役の主力艦は十数年前に比べ三分の一に減ったのに海軍工廠の教官は三二五〇人から四六〇〇人にふえ、海軍省人員は二〇〇〇人から三五六九人にふえたという事実から、「役人の数はなすべき仕事の軽重、時には有無にかかわらず、一定の割合で増加する」と仮定する以外にこの増加を説明することができないという。官僚国家である日本も決してこの例外ではないといえそうである。

いまから二十数年前の昭和三十五年に、大蔵省がよその省庁にどれだけの人材を送り込んでいたかというと、せいぜい四〇人どまりにすぎなかった。ところが二十年後の昭和五十五年にはじつに三〇九人と約八倍に近い膨張をみせている。もちろんこの中にはキャリア組と称するエリートたちのほか、ノンキャリアといわれる非エリート族も入っている。

昭和三十五年という年は、日米安保条約改定問題で政局が不安定な状態を続けているときであった。衆議院での強行採決の結果、六月十九日に日米安保条約は自然成立、批准書交換の二十三日、激しい全学連のデモの中で岸内閣は総辞職する。岸にかわって、登場した池田内閣は、寛容と忍耐を政治信条として所得倍増の積極的な経済政策を打ち出して政局を安定させ、自民党の長期単独政権を形づくって行く端緒ともなったのである。

この時期はいうなれば高度成長の始まりで、大蔵省がよその省庁に人材を送り込んで人事の交流を行うといっても、頭数の上での限界もあった。ところが高度成長の発展とともに大蔵官僚の世界も高度成長を遂げ、いまでは二十年前の八倍に及ぶ出向人事の膨張化を来たすこととなったのである。

昭和三十五年当時の出向先をみると、よその省庁へ二五人、在外公館はアメリカ・イギリス・フランス・西ドイツ・ベルギー・ソ連など九ヵ国で一二人にすぎず、地方公共団体は三重県に一人、公団は日本道路公団・首都高速道路公団と二人しかいなかった。それが十年後の昭和四十五年になると、よその省庁は衆議院・会計検査院を含めて七六人に膨れ上がり、在外公館に至っては三七人、地方公共団体九人、公団・事業団等に五二人、日本貿易振興会（ジェトロ）等の海外駐在が一二人、国際通貨基金（IMF）などの国際機関に二二人、合わせて二〇八人となった。さらに十年たった昭和五十五年になると、省庁等が一〇一人、在外公館は五三人、地方自治体九人、公団・事業団等政府関係特殊法人は一一四人、ジェトロ等の海外駐在一四人、IMFなどの国際機関に一八人、合わせて三〇九人という数になっている。

こういうふうに出向人事がふえてきているのは、よその省庁もふえているが、なかでも大蔵省のふえ方は著しく、まさしくパーキンソンの法則そのものといっていい。なぜこうなるのかについていろいろの説明がある。たとえば財政に対する「憂国の心情」が昂じて、大蔵省にいるだけでは心配でたまらず、押しかけ女房的によその財布の中をチェックしておきたいという気持の表われだ、というのである。あるいはまた、国の財政を握る大蔵省との間に人事のパイプを設けておけば、予算編成時あるいは予算執行事に何かと好都合であるという事情から、よその省庁から〝誘い水〟をかけられてこうなるというのである。そのいずれかであるはいろいろの状況によって異なるであろうし、またその両方が理由になっている場合もないとはいえない。

たとえば防衛庁についてみよう。発足の当初、保安庁（警察予備隊と海上警備隊が統合してできた）といったとき、経理局長には大蔵省の大物を時限つきで借用したいという要請で、大蔵省は将来の次官候補といわれた主計局次長の石原周夫（昭9年組）を送り込んだ経緯はすでにみた。それ以来、防衛庁には経理局長を大蔵省から貰いうけることが既定の事実となっており、大蔵省もそのポストをあてにして人材を送り込んでいる。

ところが最近は経理局長で終らずに、防衛局長・官房長・次官などという中枢ポストにまで大蔵省出身者が進出するようになってきた。例えば現次官の原徹（昭23年後期組）、防衛施設庁長官の吉野実（昭25年組）がそうである。原徹は理財局次長から五十一年の異動で防衛庁経理局長になった。五十三年に防衛局長に、五十五年六月に次官に昇格した。吉野は造幣局長を二年やって勇退かと思われたが、かつて防衛庁経理局会計課長をやったこともあってその力量が買われ、五十五年に経理局長となり、五十六年の異動で防衛施設庁長官になった。後任の経理局長には主計局次長の矢崎新二（昭28年新制組）が出向した。原―吉野―矢崎の例ばかりでなく、原の前の亘理彰（昭22年後期組）のときがそうであった。亘理は大蔵省時代は主計官・官房調査企画課長などを経て内閣審議室長から防衛庁経理局長へ出向した。その亘理がやがて官房長となり防衛施設庁長官をして五十三年十一月に次官になった。この結果、防衛庁長官には大蔵省出身の山下元利（昭18年組）が就任していたこともあって、山下（長官）―亘理（次官）―原（防衛局長）とトップの三役が偶然の一致とはいえ、いずれも大蔵省出身者で占めるという配置になった。大蔵省が防衛庁を占領したようなもので、シビリアン・コントロールがここまでくると「チビリアン・コントロール」ではないかと皮肉る向きも出てくることになる。

これと似た例は以前にもあった。佐々木達夫（昭17年組）の後任経理局長として田代一正（昭18年組）が赴任するや、普通は二年のローテーションなのに三年近くつとめ、ついで官房長に抜擢される。そこで後任の経理局長には小田村四郎（昭22年前期組）がなる。田代はその後四十九年に防衛事務次官になる。小田村は大蔵省に戻り、かわりに亘理がくることになって、次官（田代）―局長（亘理）がＭＯＦ（大蔵省の略）出身者であった。最近の場合は、これよりも徹底したMOF体制になったといえる。

もう一つ、予算編成の際の人事のパイプ役としてMOF出身者を貰いうける例をあげよう。昭和五十四年十月、鉄建公団不正経理事件にからんで、大蔵省職員が過剰接待を受けていたことが表面化した。この大蔵接待をセッティングする役目をしていたのが経理部次長で、大蔵省から鉄建公団に出向していたノンキャリアであったというのである。接待するほうとしては、予算を握っている大蔵省に取り入って、「少しでも多く予算を、サジ加減を……」という下心があってのこと、しかもするほうも同じ古巣の担当官を接待するのであるから、気心の知れた関係ということになる。いわば魚心に水心という事情になったとしてもおかしくない。他官庁から大蔵官僚が公費による接待を受けていた事実が次々と明るみに出されるや、大蔵省としてもこれは行過ぎであるとし、金子蔵相は長岡実事務次官（昭22年後期組）・松下康雄官房長（昭25年組）をはじめ主計局幹部・係員ら合わせて九人に戒告・訓告・厳重注意などの処分を行った。一方、鉄建公団側は総裁川島広守の更迭、主要管理者の行政処分を行っており、このなかには大蔵省OBで経理担当理事の森谷要（昭23年前期組）も含まれていた。

大蔵省は鉄建公団の不正経理事件の発覚後、省内に「綱紀総点検委員会」を設け、関係者から事情をきいた結果、五十三年四月から五十四年七月までに主計局運輸担当者ら三十数人が一二二回にわたり、くり返し接待を受けたことがわかったという。こういう慣習はほかの公社公団などにもあるはずで、鉄建公団とのからみはいわばホンの氷山の一角にすぎない。そこで大蔵省は「職務上の関係者からの会食などへの招待には原則として応じない」などを内容とする綱紀粛正の通達を出し、この問題のこれ以上の拡大を阻止することに成功したのであった。ともあれ、この問題は大蔵省が「政府のなかの政府」として、各省庁に君臨してからのものといえる。

さればとてよその省庁が「うちは関係ない」といって大きな顔ができるものでもない。

鉄建公団の不正経理事件のあと十月十三日、国際電信電話会社（ＫＤＤ）の密輸事件から乱脈経理・貢ぎ物商法が明るみに出た。贈答品買付け資金の「渉外費」仮払いに当たって社長決済印が押されていたということだ。それだけでなく、貢ぎ物商法につけこんで、直属の機関のスタッフは湯水の如く金を使っていたという。監督官庁と特殊法人の癒着も、ここまでくると度が過ぎているといわざるをえない。ＫＤＤのワンマン社長板野学もついに十月二十五日辞任に追い込まれた。

ともあれ、現在の官僚機構のもとでは定員法で役人の頭数が抑えられても、特殊法人という形の別組織で自らの肥大化を図ろうとする。したがって出向先への人員が増加するのはパーキンソンの法則どおりであるといってよい。

二十年前の出向者の顔ぶれをみると

ところで二十年前には四〇人にすぎなかった出向者が、当時どこへ行っていたかをみよう。まず各省庁だが、内閣官房に二人、法制局に三人、国防会議事務局一人、人事院に二人、宮内庁に一人、行政管理庁一人、北海道開発庁二人、防衛庁四人、経済企画庁七人、外務省（本省）一人、文部省一人で、合わせて二五人である。

経済企画庁には官房長に村上一（昭12年組）、審議官に古川汎慶（昭15年組）、調整局参事官に有吉正（昭15年組）、総合計画局計画課長に遠藤胖（ゆたか）（昭16年前期組）、調整局財政金融課長には前川憲一（昭18年組）、物価政策課長には佐藤健司（昭19年組）、総合計画局計画官に下条進一郎（昭19年組）らがいた。

まず官房長の村上は文書課長から東京税関長に出て、中二階では財務調査官として戻り、主計局次長となってから企画庁へ回ったものだ。ここには三年いて、本省に戻ったときは為替局長となった。企画庁官房長というポストは大蔵省の次官候補となるような人物が出向するところで、宮川新一郎（昭11年組）・吉岡英一（昭13年組）・村上孝太郎（昭14年組）・鳩山威一郎（昭16年前期組）・相沢英之（昭17年組）、船後正道（昭18年組）など次官ないし相当のポストを経験している。近くは長岡実・田中敬（昭23年後期組）・高橋元（昭24年組）もこのポストを歩いた。たまたま村上が為替局長どまりだったのは、時の運というものであろう。遠藤は元首相芦田均の女婿だが、大蔵省の最後のポストは印刷局長で、現在は印刷局朝陽会理事＝非常勤になっている。古川は生保協会専務理事になり、生保文化センター理事長になって、現在は顧問におさまっている。有吉は地銀生保住宅ローン社長をしている。

前川はドイツに三年半ほど滞在して、そのあと企画庁へ来たばかりだったから威勢がよかった。その後官房調査課長として中枢に入って行くのだが、二年後の四十年七月に大阪税関長になる。大蔵省の最後のポストは官房審議官で、ついに局長にはならなかった。現在は日本地震再保険株式会社社長をしている。佐藤は本省に戻ってから関税局総務課長になるのだが、国税庁直税部長でOBになった。現在は日本酒造組合中央会に行っている。下条はのちにもふれるように参議院議員になった。

防衛庁は経理局長に木村秀弘（昭12年組）、会計課長に赤羽桂（昭19年組）、調達実施本部会計課長に山本松夫（昭18年組）、技術研究本部会計課長に藤田勇（昭20年組）の四人である。木村はこのあと国税庁長官に栄進、OBになってからは新日鉄監査役、日本専売公社総裁になったが、五十年六月に亡くなった。赤羽は主計官として本省に戻り、最後は関税局長にまで進んだが、四十七年十一月、現職のまま亡くなった。山本は本省の課長をやらず、門司税関長で辞め、五十年から跡見学園常務理事をしている。藤田は会計検査院に出て第三局長になり、OBになった。

在外公館は一二人だが、アメリカが三人、イギリスが二人、フランス一人、ベルギー一人、西ドイツ一人、香港一人、ブラジル一人、ソ連一人、オーストラリア一人となっている。アメリカは福田勝（昭14年組）が在アメリカ参事官、鈴木秀雄（昭15年組）がニューヨーク領事、柏木雄介（昭16年前期組）が一等書記官をしていた。福田はこのあとイギリスに行き参事官から公使、そして特別全権公使になっている。鈴木は国金局長をへてIMF、世銀理事になり、当時のIMF専務理事シュバイツアから「君はマフィアの一員だ」ともいわれた。いまは野村証券顧問をしている。柏木は四十六年のニクソン・ショック時に財務官から顧問になって、あの激動期の国際通貨外交をとりしきった。さらに柏木の二代あとの国金局長、財務官をやった稲村光一（昭18年組）がこのときフランス大使館の一等書記官としてパリに駐在している。大蔵省顧問になった五十一年四月、フランス政府からレジオン・ド・ヌール勲章をもらった。西ドイツ駐在の一等書記官は林大造（昭19年組）である。林ものちに国際金融局長をやったが、官房審議官時代はいわゆるアルファ作業（円切上げ準備）の担当者としてその顚末を執筆して話題を投げた。大蔵次官になった竹内道雄（昭19年組）はこのときベルギー大使館の一等書記官だったし、大倉真隆（昭22年前期組）はイギリス大使館の二等書記官として、当時在英参事官だった稲田耕作（昭12年組）の下で働いていた。

この時代に在外公館に出向できた連中は、いうなればエリート中のエリートで、仲間の羨望の的であったわけで、またこうして海外に行けた者がいいポストに進んでいることがわかる。事実、海外に行くことが一種の登竜門でもあったわけだ。

このとき公団に出向した人は、日本道路公団経理部資金課長の青山保光（昭22年前期組）と首都高速道路公団経理部資金課長の吉川昌二（昭20年組）の二人である。青山はこのあと専売公社副監理官になり、内閣審議官を経て本省の課長へと進んでいる。現在は第一相互銀行社長である。吉川はこのあと本省の課長として管財畑を歩き、南九州財務局長・中国財務局長になる。現在は農業者年金基金の役員をしている。

十年前は公団・事業団が水膨れ

十年後の昭和四十五年になると出向者は二〇八人と五倍に膨れ上がることになるのだが、その内訳をくわしくみてみよう。

まず各省庁だが、十年前に出向していなかった衆議院法制局と会計検査院がふえ、総理府、公正取引委員会、警察庁、沖縄・北方対策庁、厚生省、農林省、通産省、運輸省、建設省、自治省と四方八方に広がってきた。それだけでなく今まであった出向先も人数がさらにふえてくるようになった。

また地方自治体では三重県だけだったものが、青森県・岩手県・東京都・富山県・石川県・奈良県・和歌山県とふえ、人員も増大している。さらに驚くべきことは、いわゆる公団・事業団等の出向者が、日本道路公団・首都高速道路公団のほか三〇ヵ所ふえたことだ。書き出すとそれだけで漢字の羅列になるのだが、繁をいとわず列挙しておこう。

まず公団・事業団から。日本住宅公団・水資源開発公団・阪神高速道路公団・日本鉄道建設

公団・新東京国際空港公団・本州四国連絡橋公団・年金福祉事業団・小規模企業共済事業団・宇宙開発事業団・海外移住事業団・公害防止事業団・糖価安定事業団の一二ヵ所。

つぎに公庫・金庫では、国民金融公庫・住宅金融公庫・公営企業金融公庫・医療金融公庫・環境衛生金融公庫・中小企業信用保険公庫・日本輸出入銀行の七ヵ所。

さらに基金・協会・センターと名のつく特殊法人として、林業信用基金・海外経済協力基金・日本原子力研究所・国民生活センター・国立競技場・国立劇場・日本万国博覧会協会・札幌オリンピック冬期大会組織委員会事務局・日本私学振興財団・日本貿易振興会(本部)・国家公務員共済組合連合会の一一ヵ所である。

これらの公団・事業団等は、高度成長の波に乗った中で、民間資金ではやりにくいものを国が予算化して仕事を開発していこうという趣旨のもとに設立されたものばかりだ。いずれも各省庁が政府関係機関として予算要求をするのだが、予算折衝の段階では冗費節約とか公団・事業団の新設は認めないといっていた大蔵省だったが、できあがってみるとチャッカリと人材を送り込んでいるところに、なんともいえないおかしさがあって笑いたくなるのだが、しかしこれが大蔵省のみならず各省庁の余剰人員ハケロに欠かせないポストということになると笑ってもいられないくらいに真剣味がひそんでいるともいえるわけだ。

この時期のキャリア組だった人たちで、中枢に入っているところをみよう。まず他省庁等出向者についてみると、内閣では福島譲二（昭23年後期組）と迫水久正（昭30年組）の二人がいる。福島は佐藤総理の秘書官事務取扱、これが機縁で政治への情熱をかき立てられ、やがて脱官僚化することになる。迫水は参議院議員迫水久常（大15年組）の子息で、やがては親父の地盤を受け継ぐために政治の勉強をということで、出向させられていた。しかしその機会に恵まれなかったのか、それとも機会を逸したのか、南九州財務局長を最後にOBとなり、現在は照国海運社長をしている。内閣官房には内閣審議室長の青鹿明司（昭18年組）、内閣審議官の石川周（昭28年新制組）の二人がいる。青鹿はこのあと退官し、常陽銀行入りすることになる。石川はこのあと本省に戻り、理財局の各課長を経て銀行局総務課長となり、ついで東海財務局長として外に出たあと、内閣審議室長になった。いわば古巣に戻った形である。

内閣法制局は五人が出向しており、今日まで残っているのは前田正道（昭24年組）一人だけである。前田はこのあと総務主幹を経て第三部長となっている。行政管理庁には管理官として吉野良彦（昭28年旧制組）がいる。このあと主計官・中小金融課長・調査企画課長を経て文書課長と中枢を歩くことになる。現在は経済企画庁官房長となっている。二十八年旧制組の次官候補といわれる。

防衛庁には田代一正（昭18年組）が経理局長、吉野実が会計課長、そのほか六人が出向している。十年前は四人だった。田代はのちに次官となり、吉野は経理局長を経て現在は防衛施設庁長官となっていることはすでにふれた。

経済企画庁には七人が一九人に膨れ上がってきた。この時期は鹿野義夫（昭16年東大工学部卒、同年入省）が次官になって、大蔵省としては凱歌をあげたときである。というのは、これまで次官は通産省ポストだったのが、はじめてMOF出身者に一つのルートが開けたからである。鹿野が経済企画庁に出向するとき、大蔵省を離れて経済企画庁の人間になり切るということで、次官になるまでに五～六年の経過期間をおいている。こういう実績が実を結んで鹿野のあとは宮崎仁（昭19年東大工学部卒、昭22年入省）が経済企画庁入りし、総合開発局長・国民生活局長・総合計画局長などの要職を回って四十九年六月に次官に昇格している。宮崎が総合計画局長のときに技術畑出身の藤井直樹（昭23年東大工学部卒、入省）が企画庁入りする。宮崎が次官になったとき藤井はまだ参事官であったが、ついで物価局長・審議官を経て、五十六年六月に次官に昇格した。

在外公館に出向した人たちについてみると、このときは三七人と十年前の三倍にふえている。アメリカは一〇人、イギリス三人、フランス二人、ベルギー二人、西ドイツ二人、OECD日本代表部三人、ジュネーブ国際機関日本代表部一人、あとは韓国・カナダ・インドネシア・スイス・インド・フィリッピン・イタリア・ソ連・タイ・アルゼンチン・マレーシア・オーストラリア・ブラジルの各大使館のほか香港領事に各一人という状況で、日本経済が国際化して行く過程で、人材も国際化して行く姿がよくわかる。

これら在外公館に出向して行った人たちの中で、やがて本省に戻って総務課長になった人がたくさんいる。まず渡辺喜一（昭25年組）はこのときアメリカ大使館参事官をやっていたが、本省では主税局総務課長となり、五十六年の異動で理財局長から財務官になった。福田幸弘（昭27年組）はカナダ大使館一等書記官で三年三ヵ月滞在、日本に戻ってからは主税局畑を回り、五十年に主税局総務課長となった。五十六年の異動で日銀政策委員から主税局長になった。海軍経理学校の出身、海軍主計中尉で終戦を迎える。大蔵省広報誌『ファイナンス』に「栗田艦隊反転の謎」を連載、ついで「マリアナ沖海戦」「サイパンからレイテまで」を執筆、それらをまとめて『連合艦隊――サイパン・レイテ海戦記』（時事通信社）を五十六年七月に上梓、プロ顔負けの文才として評判になった。

今永伸二（昭28年新制組）は西ドイツ大使館一等書記官で、その前はスイス大使館にいた。海外に出向するとき米英独仏などの先進国を回る場合は三年、その他の国は二年というローテーションになっているようだが、今永はスイスから西ドイツと回って五年九ヵ月も海外にいた。その後、経済企画庁財政金融課長となり、本省に戻って証券局資本市場課長をやり、総務課長級ポスト間違いなしとみられていたのに、トラブル（？）があって石油開発公団資金部長になった。一年後、北海道財務局長となり、その一年後はイギリス大使館公使としてロンドンに赴任、五十六年の異動で帰国、ＯＢとなり、現在は安田信託銀行顧問として国際部門を受けもっている。

ＯＥＣＤ日本代表部一等書記官の吉田正輝（昭29年組）は本省に戻ってから銀行課長・文書課長を経て近畿財務局長となり、現在は銀行局担当審議官で、銀行法改正問題では八面六臂の活躍をした。二十九年組のトップを走っているといわれる。スイス大使館一等書記官の吉居時哉（昭30年組）は主計官から銀行局中小金融課長を経て銀行局総務課長になった。近畿財務局長として一年ほど外に出たが、五十六年の異動で銀行局検査部長になった。吉居も三十年組のトップ集団の一員である。ニューヨーク領事の大山綱明（昭32年組）は主税畑に回り、主税局税制二課長を三年やって五十六年の異動で官房調査企課長に就任した。三十二年組は五十六年の異動で総務課長級ポストについたばかりで、これから局長・次官レースにしのぎを削ることになる。ベルギー大使館一等書記官には柿沢弘治（昭33年組）がいる。参議院議員から衆議院議員に転じ、新自由クラブ政策委員長をしていたが、新自ク・社民連の統一会派が結成された日（九月二十一日）、新自クラブを脱党して話題を投げた。

また在外公館に出るだけが海外経験ではなく、日本貿易振興会（ジェトロ）・国際観光振興協会の海外駐在員、あるいは国際通貨基金（ＩＭＦ）・国際復興開発銀行（いわゆる世界銀行）・アジア開発銀行・関税協力理事会・ガット事務局などの国際機関の職員として海外に出るケースが多くなってきたのも新しい傾向といえる。この時期には国際通貨基金理事として鈴木秀雄、アジア開銀総裁として渡辺武（昭5年組）が出ていた。国際通貨基金の職員には佐藤光夫（昭30年組）・宮本一三（昭30年組）・塚越則男（昭31年組）・白鳥正喜（昭35年組）らがいる。佐藤は証券局総務課長になり、現在は関税局担当審議官をしている。宮本は国際金融局総務課長から官房担当審議官を経て名古屋国税局長になった。塚越は官房調査企画課長を一年足らずで関東信越国税局長に転出した。いずれも将来の局長候補ばかりである。世界銀行は東京事務所長に副島有年（昭25年組）がいる。五十三年に関税局長となり、翌五十四年に外務省に出向、駐米公使となり、五十六年に帰国、退官した。十月にアメリカのヒルトン・インターナショナルが日本の金融機関と合併会社「日本ヒルトン」を設立、副島を社長に選出、大蔵官僚としては異例のホテル業界への転身と話題になった。

ＭＯＦ出向者はただいま三〇九人

四十五年から十年経った段階で大蔵省が出している出向者は三〇九人と、十年前に比べ一〇一人増えている。各省庁で十年前になかったところ、あるいは十年前にあったが消えたところを拾い出してみると、沖縄・北方対策庁が沖縄開発庁に変わり（北方対策庁は総理府の北方対策本部となった）、新たに国土庁ができあがった。また建設省への出向が消え労働省が加わり、最高裁判所に新しく五人の出向者を出しているのが注目される。

地方自治体は奈良県がいなくなって熊本県が登場、さらに横浜市がふえている。公団・事業団等も変化の激しいところだが、二十年前からあった日本道路公団・首都高速道路公団をはじめほとんど変わっていないが、石油開発公団に変わる石油公団・京浜外貿埠頭公団・阪神外貿埠頭公団・地域振興整備公団・宅地開発公団・日本私学振興財団・金属鉱業事業団・畜産振興事業団・国際協力事業団・日本下水道事業団等がふえた。公庫・金庫では農林漁業金融公庫・沖縄振興開発金融公庫にポストがふえ、また日本開発銀行も一つふえた。基金としては国際交流基金・野菜供給安定基金・特定不況産業信用基金も新しい特殊法人としてふえている。

さらに変わったところでは日本労働協会・高圧ガス保安協会・軽自動車検査協会・繊維工業構造改善事業協会・製品安全協会・公害健康被害補償協会といった公益法人のほか、センターと名のつく団体がやたらとふえたことだ。国民生活センターは前からあったが、海洋水産資源開発センター・海洋科学技術センター・海上災害防止センター・航空貨物通関情報処理センター・国土開発技術研究センターなどがそれだ。また「機構」と称する半官半民の特殊法人もふえた。総合研究開発機構・大阪空港周辺整備機構・福岡空港周辺整備機構・通信・放送衛星機構・新エネルギー総合開発機構などである。日本貿易振興会（ジェトロ）の海外駐在員、国際機関などへの出向者の頭数は、ジェトロで一人増、国際観光振興会で一人減、世界銀行で一人減、国際通貨基金で三人減、アジア開発銀行で一人減、関税協力理事会で二人増、ガット事務局、国際連合工業開発機関はいなくなった。しかし台北に駐在員をおいている交流協会に一人、米州開発銀行に二人が新顔として登場している。

各省庁の出向者の中でめぼしいところをあげてみよう。公正取引委員会には事務局長として渡辺豊樹（昭25年組）がいる。五十四年に証券局長から転出したので「現役局長が公取委の事務局長に就任するのは初めてのこと」と騒がれた。この釣合いから委員長を除く四人の委員も今後は局長職を少なくとも二回経験していなければダメなどともいわれ、公取委の格が上がったともいわれた。五十六年の異動で退任、委員の熊田淳一郎（昭22年前期組）のあとを襲って委員に就任した。また新事務局長にはMOFからでなく、久しぶりにプロパーからの進出となった。しかし、五十六年七月に経済部長として大阪税関長から官房付になっていた佐藤徳太郎（昭30年組）が就任しており、二～三年後には事務局長に昇格するとみられる。

経済企画庁は一七人で二人減ったが、それでも大量出向である。官房長は禿河徹映（昭27年組）で、主計局次長から回った。五十六年の異動では本省の証券局長に栄進した。物価局長には藤井直樹がおり、五十六年に次官に昇格したことはふれた。調整局審議官に広江運弘（昭27年組）がいる。藤井のあとの物価局長に昇格している。物価局物価政策課長には中田一男（昭32年組）がいる。大蔵大臣秘書官事務取扱をしたこともあるが、総務課長ポストへの異動の機会を逸した。物価政策課長のポストはかつては本省中堅課長への登竜門だったが、どうやら最近は格が落ちたかにみえる。調整局財政金融課長に岩崎文哉（昭34年組）がいる。五十六年の異動で国際金融局短期資金課長になった。一つの試金石を迎えたといえる。

環境庁には次官として金子太郎（昭24年組）がいる。若いときは主計経験が長く、官房参事官と主計局調査課長時代、いわゆるPPBS（プランニング・プログラミング・バジェッティング・システム、資源配分に関する決定を改善するために情報を組織的に用いる方法をいう）をいち早く日本に紹介し、予算編成に応用しようとした。主計から畑違いの証券局総務課長となり、中二階では証券局担当審議官となったが、五十年の異動で環境庁官房長になり、将来の次官候補として大蔵省には戻れなくなった。官房長を三年やり、自然保護局長から企画調整局長になり、このとき会計検査院からカラ出張の事実を明るみに出されて大問題になったが、しかし五十五年六月晴れて次官になった。五十六年に退官、古巣の大蔵省のお世話にはならず、丸三証券の長尾会長の懇請に応じて八月に社長に就任した。本人は「産業界からも誘いはあったんだが、環境の仕事をしてますとねえ。なんの汚染物質も出さない証券業界にしましたよ」

が就任の弁（朝日新聞、七月二日付）。

沖縄開発庁は七人で、その筆頭に振興局長の海原公輝（昭26年組）がおり、国土庁は六人で、その筆頭に福島量一（昭25年組）が計画・調整局長をしている。海原は理財局総務課長をしたあと国土庁審議官をし、関税局担当審議官をへて現職についた。五十六年の異動で退官、国民金融公庫理事になっている。福島は五十六年六月の異動で官房長に栄進、次期次官の昇格が確実視されている。理財局総務課長のあと、関東信越国税局長・官房審議官を経て国土庁入りし、五十二年六月計画調整局次長、十二月に局長となり、三年半たっての異動であった。

文部省には三人が出向しているが、このうち二人は大学の助教授をしている。一ツ橋大学には野口悠紀雄（昭39年組）、埼玉大学に榊原英資（昭40年組）がそれである。野口は東大工学部応用物理学科卒の変り種、アメリカで大学を二ヵ所留学し、四十九年に埼玉大学に出たが五十三年から一ツ橋にかわり、その後を榊原が襲った。『情報の経済理論』（東洋経済新報社）、『財政危機の構造』（同上）など多くの著書がある。一方の榊原はアメリカの高校を経て東大卒、大蔵省に入り、そのままアメリカの大学に留学し経済学博士号を取得した変り種である。『ユーロダラーと国際通貨改革』『日本を演出する新官僚像』（山手書房）などの著書がある。五十六年の異動で大蔵省に戻り、国際金融局調査課企画官になった。榊原については、MOF・OBが名指しで厳しく批判する人もいる。たとえば相沢英之は「榊原君みたいに、大蔵省のメシをまだろくに食っていない人間が、内部をあれこれ批判して出て行くというのは困る。まだ十年早い」(『週刊朝日』、五十二年十一月十一日号)とこきおろしている。榊原も古巣に戻った以上は、ムラのおきてに従わざるをえないことだろう。

農林省には杉山克己(昭24年組)が構造改善局長でいる。杉山は三十八年から農林省に転出、住みついた。食糧庁企画課長から本省の文書課長になり、食糧庁総務部長・官房審議官を経て、局長は食品流通局・畜産局・構造改善局などを歴任、五十六年の異動で退官したが、九月に水資源開発公団副総裁に就任した。杉山と同じように他省庁に転出した人で運輸省の山元伊佐久(昭26年組)がいる。航空局監督課長から神戸海運局長になり、海運局審議官・海運局次長になったあと五十三年に観光部長となり、五十四年に船員局長に就任、五十五年に退官している。現在は日本船主協会に転出した。

外務省に転出している人では、この時期にモントリオール総領事になっている滝口吉亮(昭24年組)がいる。早いときからフランスに出張したり、ジュネーブの国際機関日本代表部二等書記官をして三年半も駐在し、その後はフランスの一等書記官、参事官として四年もパリに駐在するなど、外交官のほうが向いているともいえる。滝口は四十一年暮の異動で銀行局金融制度調査官(現在の調査課長)になり、銀行局長の澄田智(昭15年組)を助けて金融制度調査会の事務方をつとめた。このときは中小金融機関の在り方について検討した際、いわゆる〝滝口試案〟と称する考え方が出されたが、中小金融機関側から猛烈な反対を受け、澄田は往生したことがあった。それで滝口に因果を含め（?）更迭、フランス行きとなり、同期の徳田博美（昭24年組）が金融制度調査官になったという経緯がある。滝口は四十七年にパリから帰国、関税局総務課長となり、企画庁参事官・官房審議官を経て、五十年十一月にアルジェリア大使館公使としてアフリカに赴任、さらに二年半後に現職についたが、現在はチュニジア大使となっている。外務省はプロパーを優遇したがる傾向があって、滝口にはいささか役不足の感がないでもない。

国際通貨基金には理事で平尾照夫（昭26年組）がいる。証券局総務課長のあと東北財務局長となり、中二階では官房担当審議官・国金局担当審議官を経て国金局次長になったが、五十年にワシントンに赴任した。

出向人事での〝覇権〟的行為

このように大蔵省は大勢の出向者を交流人事と称して送りこんでおり、大蔵省異動のローテーションの中によその省庁・公団・事業団・在外公館等を組み込んでしまっているといっていい。それがただの交流人事ならば問題ないが、トップ人事を支配するようになってくると、これは大蔵省の〝植民地支配〟ではないかといった議論さえ出てくるようになってくる。つまり権力拡張意識というか、中国風にいえば〝覇権〟的行為が目立つのである。これを典型的に示しているのが行政管理庁・防衛庁・経済企画庁・公正取引委員会・北海道開発庁といったところだ。

行政管理庁は最近はそれほど目立たなくなったが、ひところは事務次官の辻敬一（昭23年前期組）をトップに課長たちが三人出向していた。辻の前は小田村四郎で、日銀政策委員をやったあと行政管理局長として出た。これは次官含みの人事であった。小田村の前の次官は平井廸郎（昭19年組）で、主計局次長から行政管理局長になり次官になった。つまり平井以降は必ずMOF関係者の次官が輩出するようになってしまった。辻のあと禿河徹映に主計局次長から行政管理庁行きの話があったが、事前に話がもれて宇野宗佑行政管理庁長官につぶされたといわれた。そればかりか出向人事も遠慮してくれといわれ、その後はしばらく音沙汰なしの状態となった。中曽根康弘が長官になってから秋波を送ったところ話がまとまり、五十六年の定期異動に先がけて五月二十日付で関東信越国税局長の古橋源六郎（昭30年組）が行政管理局審議官に出向することになった。五十五年に現職の局長となり、五十四年に関税局総務課長、その前は農林担当、防衛担当の主計官をしていた。二～三年後には局長になるだろうが、辻・小田村・平井のように次官にまでなれるかどうかは今後の問題であろう。その意味では、行政管理庁はかつてほどの覇権は通用しなくなったともいえる。

経済企画庁にＭＯＦ出身の局長が現われるようになったのは、崎谷武男（昭14年組）が三十七年に水資源局長になってからである。その翌年に鹿野義夫が総合開発局長となり、四十一年に宮崎仁が総合開発局長になっている。さらに水質源局長には鈴木喜治（昭16年後期組）から今泉一郎（昭18年組）へと代った。鹿野・宮崎・藤井の動きはすでにふれた通りで、大蔵省としては技術関係者に対してもキャリア組に準ずる昇進ルートをこしらえておきたいという意欲が効を奏した典型的な例であった。経済企画庁は現在藤井が次官で官房長に吉野良彦を配し、物価局長に広江運弘、調整局審議官に大竹宏繁（昭28年新制組）をおいている。吉野は本省に戻れるが、広江は戻ってもポストがないし、結局企画庁で骨を埋めることになるほかない。そうすると、藤井の次の次の次官候補ということかもしれない。大竹は主税畑を歩いていたが五十一年に調査企画課長に転じ、二年後エネルギー担当審議官に、ついで五十四年に国際金融局担当審議官になったが、五十五年十二月、時ならぬ異動で経済企画庁に回ったもの。古巣の大蔵省を忘れなければいけない立場になったようである。

防衛庁についてはすでにふれたので省略する。公正取引委員会も大蔵省の息がかかっているとみていい。現委員長はＭＯＦ出身の橋口収（昭18年組）である。そして委員には事務局長から昇格した熊田淳一郎がいたが、五十六年に退任、現在は名古屋証券取引所理事になっている。事務局長には渡辺豊樹がいたが、五十六年の異動で委員に就任、後任はプロパーの伊従寛経済部長が昇格した。

公取委員長は代々ＭＯＦ出身者がなっている。橋口の前は高橋俊英（昭14年組）・谷村裕（昭13年組）・北島武雄（昭8年組）・渡辺喜久造（昭7年組）など、いずれも次官・国税庁長官を経験した人ばかりである。高橋は銀行局長から住宅金融公庫理事・副総裁を経てなった人で例外である。高橋は銀行局長時代に銀行の信託業務兼営を切り離し、信託専業の指導を推進、国会で「多少むりがあっても一行だけ残っているのは問題なので、銀行全体の立場から分離するように指導する」と発言すれば、大和銀行の頭取寺尾威は「大蔵省の要請は信託業務に対する営業妨害だ。だいたい大和の経営状態は悪いと国会でしゃべられて非常に迷惑だ、信用にかかわる」とカンカンになる一幕もあった。また四十八年の石油危機のとき「千載一遇のチャンス」とばかり値上げに走った石油元売り一二社を独禁法違反で告発するなど、全国的な規模で発生したカルテル事件と取り組んだ。こういう剛直な性格が若いころからあったため「ゴリポン」の仇名が奉られたが、血管閉塞症にかかり、左足を三回も手術、切断、任期を残して五十一年二月退任したが、五十四年十一月心筋梗塞のため亡くなった。六十五歳。

北海道開発庁も二年おきごとにMOF出身者が次官になっている。吉岡孝行（昭25年組）は五十四年十月に総務監理官から次官に昇格した。吉岡の前には秋吉良雄（昭22年後期組）が四十八年七月に総務監理官になり、五十年に次官になっている。さらにさかのぼると新保実生（昭18年組）が同じ道を歩いて四十六年から四十八年六月まで次官をやっている。旧内務官僚と次官ポストを分け合っているところだ。新保はいま北海道東北開発公庫総裁になっており、秋吉は五十四年十月の総選挙で大分二区から立候補したが落選した。

同期生をトップに押し出す力

ＭＯＦ人事のもう一つの注目すべき点は、同期生を他官庁のトップに押し出そうとする偉力を発揮することである。その典型的な例は昭和十八年組から次官が五人も出たことをあげなければならない。

真先に次官になったのは北海道開発庁に出た前述の新保実生で四十六年五月から四十八年六月までの期間である。ついで船後正道が環境庁次官になった。四十八年七月から五十年七月まで二年間在任した。四十九年の異動で本省の次官になったのが高木文雄（昭18年組）、国土庁次官になった橋口収、防衛庁次官になった田代一正の三人である。このうち高木・田代は一年で勇退、橋口は二年在任した。なお四十九年の異動では行政管理庁に出ていた平井廸郎も次官に昇格したから、年次は異なるが、四十九年に現役次官が大蔵省から五人も並んだことになり、これは官僚世界では異様なものに映ったものだ。〃大蔵省横暴〃〃大蔵省独善〃の声が出てくるわけである。

この時期は大蔵省次官の相沢英之の後任が決まっていないのではないかというわけで、新聞は高木か橋口かをウマなみにみたてて「T」（タケホープ）か「H」（ハイセイコー）かとあおり立てれば、霞が関官庁街もカタズをのんで注視するという一幕もあった。

昭和十八年組の次官輩出はあまりに目立ったので、その後は自粛するかにみえたが、やはり押し込みは消えていない。二十二年後期組・二十三年後期組・二十五年組に二人、三人の次官が出ている。

二十二年後期組は長岡実のクラスで、防衛次官の亘理彰、北海道開発庁次官の秋吉良雄の三人である。亘理・秋吉についてはふれた。長岡は五十四年七月に主計局長から次官に昇格、二年次官説もあったが、頭がつっかえてはいかんということで、同僚は残しながら自分はあっさり退官した。銀行局中小金融課長時代に海千山千の業者と伍し、中小金融機関の合併転換法をまとめ上げ、秘書課長に抜擢され、主計局次長・企画庁官房長・本省官房長と、次官本命コースを歩かされ、五十二年に主計局長、そして五十四年に次官に昇格した。主計局長時代に保革伯仲の予算委員会で予算案が否決されるというハプニングに会い、大変なショックを受けた。五十五年六月の衆参同時選挙で自民党が圧勝したため、五十五年度予算ではそういうこともなく、長岡自身も勇退したため、大蔵省にとっては「疫病神が去ったような感じ」(長岡の言)だったのではないかと苦笑する。また五十四年後半には鉄建公団の不正経理事件にからむ接待問題では、自ら国家公務員法にもとづく「戒告」という処分を受け、後輩たちに襟を正させた。『素顔の日本財政』という著書を出し、財政再建の道を説いている。

二十三年後期組は田中敬と防衛庁次官の原徹の二人がいる。原についてはすでにふれた。田中は一高時代長岡と同期だが、入省が一年おくれた。三十九年十一月から佐藤総理大臣の秘書官を三年近くつとめ、本省では理財局国債課長・資金課長をこなしたことが買われ、文書課長になった。東京税関長としていったん外に出たあと、中二階は主計局次長となり経済企画庁官房長から理財局長、そして主計局長を経て五十五年に次官となり、五十六年に勇退した。理財局長時代は国債消化策でシンジケート団とわたり合う苦労を重ねた。

二十四年組は高橋元(現次官)と環境庁次官になった金子太郎の二人がいる。さらに二十五年組には松下康雄(現主計局長)と福島量一(現国土庁官房長)の二人が次官になるはずである。二十六年組も目下の見通しではやはり二人次官が出る可能性がある。山口光秀(現官房長)と清水汪(ひろし)(現環境庁企画調整局長)である。

いずれにしても同期生をトップに押し出す力もさりながら、その人のもつ「実力」「運」「ツキ」というものが相互作用をしているというべきかもしれない。

五章　政界入りを目指す大蔵官僚の群像

政治家を目指す若手官僚

戦前は官僚としての最高峰である次官になれば、貴族院の勅選議員のポストが保証されていたから、ＯＢになってもその地位・名誉は守られ、政界の人間として大成する人が多かった。若槻礼次郎・勝田主計・黒田英雄などが、その例である。

若槻礼次郎（明25年組）は恩賜の銀時計組で、卒業のときの成績は九八点五分という超記録をもち、いまもって若槻の記録は破られないといわれる。早くから頭角を現わし、入省十二年目にして主税局長となり、四十一歳で次官となった。次官を辞めるとき勅選議員に推薦され、その間に大蔵大臣・内務大臣を歴任、内閣総理大臣は二回もなった。大蔵省出身の最初の総理大臣である。

勝田主計（明28年組）は浜口雄幸などと同期生で、大蔵次官を二回もやっている。二回目のときは、大蔵大臣になることを前提に、寺内内閣のとき寺内蔵相兼摂のもとで次官となり、間もなく大蔵大臣になった。勝田が勅選議員になったのは最初の大蔵大臣を辞めてからで、昭和二十一年、追放令にひっかかって資格が消滅するまでその地位にあり、政界に隠然たる勢力をもっていた。

むかしは内閣が倒れると次官まで一緒に辞めることが慣例になっていたため、そこで職を失うことになる次官、大臣には勅選議員にして食い扶持を与えたといわれる。だから「恩給と貴族院議員の歳費で暮らすというのが、その当時の通り言葉でした」（大蔵省編『大蔵大臣の思い出』青木得三談）という。

戦後は公務員制度が変わり、官僚生活を終えてOBになっても、かつてのような政界ポストは消えてしまってない。貴族院に代って参議院ができたが、衆議院と同じように選挙の洗礼を受けなければならず、当選してもその威信は衆議院議員に比較すると劣弱である。こうなると、誰しも衆議院を目指したくなる。

しかし官僚として功成り名遂げて、第二の人生として政界を目指すには年をとりすぎるという問題がある。現に村上孝太郎（昭14年組）は選挙運動の疲れから、参議院議員に当選した直後に亡くなってしまった。それならいっそのこと、早くから政界入りを目指したほうがいい。そういうことで最近は若手官僚の脱官僚化が目立っている。

もともと大蔵官僚は、政界からの独自性、行政の中立性を建前として、戦前も戦後もそれを貫こうとしてきた。しかし軍部が政治を支配していた時代は、健全財政主義を標榜してきた

〝軍部抑制派〟が革新官僚へと変質し、軍部独裁の侍女となった。このことへの反省が、戦後は財政法の制定などで一つの筋を通したかにみえる。ところが田中角栄の時代になって大蔵官僚の誇りは著しく侵害された。大蔵官僚は田中角栄の「日本列島改造論」におどらされて、財政・金融の両面から政策運営を誤り、極端なインフレに導くことになったことは今も記憶に新しい。これがいまの若手官僚に屈辱感となって政治へ駆り立てることになっている。

しかしこういう行動は、大蔵官僚が〝行政の中立性〟〝政界からの独自性〟を唱えるかたわらから官僚の地位を自ら弱める役を演じるものといいかえることができる。だからときには橋口収（昭18年組）のような骨のある官僚が、政治指向の若い官僚たちをたしなめることになるわけである。

これは柿沢弘治（昭33年組）が、国会に出馬する際に知名度をあげる作戦として、大蔵省広報誌『ファイナンス』にPRさせてもらうことを上役の了承を求めて執筆したといわれる「霞ケ関三丁目の大蔵官僚はメガネをかけたドブネズミといわれる挫折感に悩む凄いエリートたち」が問題の発端になっている。この一文には喝采を送る人も多かったが、眉をしかめる向きもかなりたくさんいた。そういうこともあって、新聞にも紹介されたから話はよけいに大きくなった。

にがり切る側の代表が橋口収で、週刊『金融財政事情』に「若手官僚諸君へ――外部へ向かう饒舌を自己評価の内面化へ」と題する一文を寄せ、柿沢と名指してはいないが、それとわかる書き方で批判している。しかし橋口は、若手官僚をたしなめはするのだが、そういう意見が内部から出てくることについて、若手官僚の立場に一面の同情もしている。つまり官僚社会の新陳代謝が遅れていることに対して一種のフラストレーションがあるということ、これは若手官僚だけではなく、自分たちにもそういった心のいらだちがあることを肯定することにもなっている。

若手官僚エリートの立場に立ってみると、いつも代議士先生に、頭を下げあごで使われたりするのがシャクにさわるし、自分たちが官僚を卒業してから代議士になったのではおそすぎる、なれるものなら早い機会に政治家になったほうがいいし、また大臣になる機会もそのほうが早い、そうでないと二十年もすれば肩を叩かれて、これまでいた大蔵省よりははるかに肩身の狭い公団・事業団の役員に甘んじなければならない。これは国士意識に燃える若手官僚エリートにとってもっとも屈辱とするところである。

こうして戦後のある時期から大蔵省若手エリートたちの脱官僚化――政界入りが急速に進むようになった。

政界入りをした若手大蔵官僚の顔ぶれ

こうして政界入りした若手大蔵官僚には次のような顔ぶれがいる。

越智通雄（昭27年組）は上から読んでもオチミチオ、下から読んでもオチミチオ、真中にミのあるいい男、のキャッチフレーズで、四十七年十二月激戦地といわれる東京三区から立候補して当選した。大蔵省にいれば、いまは同期の禿河徹映（証券局長）・福田幸弘（主税局長）・垣水孝一（関税局長）らと一緒に局長になっていたことは間違いない。あるいは同期の最有力次官候補であったかもしれない。しかし主計局調査課長を最後にあっさり退官、選挙運動に飛び込んだ。越智は福田赳夫の女婿で、早くから福田赳夫（昭4年組）の秘書官をやっており、自分自身が政治に興味をもっていたから、政治に対する理解は早かった。東京三区は、賀屋興宣（大6年組）の地盤で、高齢のため政界を引退し、次の選挙には出ないことになっていた。その地盤を賀屋は越智に譲ったわけである。女婿であれば、岳父の地盤を譲ってもらうのが通常の政界進出コースだが、越智の場合は、大蔵省の大先輩に譲って貰ったわけで、その意味では異例の進出ということができる。現在は代議士四回生である。

近藤鉄雄（昭28年旧制組、官房調査課課長補佐で退官）は課長になる前から脱官僚化したため『大蔵省人名録』にはついに掲載されていない。親父が海軍だったので海軍兵学校に入ったが、終戦のため四ヵ月で帰ってきた。大蔵省時代、経済企画庁に出向して、長官だった三木武夫の秘書官をしたことがきっかけとなって政治を志し、三十七年に大蔵省を辞め、苦節六年四十三年の総選挙で山形から立候補して落選した。さらに三年の辛酸をなめ、四十七年の補欠選挙ではじめて当選、四十七年総選挙では先輩の黒金泰美（昭10年組、元官房長官）と入れ替わった。現在は五回生で若手のなかの最古参である。大蔵省出身者は福田派、池田―大平―鈴木派が多いのに、近藤は少数派の三木派に所属している。

福島譲二（昭23年後期組）は同期の田中敬とトップを争う俊才であった。田中のほうは兵隊の関係で四つ歳上だが、福島は中学四修で旧制高校へ、高校は二年で大学に入った関係で、大蔵省は二十一歳の最年少で入った。佐藤総理の秘書官として三年間つとめたことが政治家へ変身させるきっかけとなったようだ。その後主計局に戻って総務課長になり官房審議官になったとき退官、四十七年総選挙に挑戦したが、運動期間が短かったため次点に泣いた。しかし五十一年の総選挙では晴れて当選、現在は三回生である。田中派に所属することになったのは、佐藤総理が当時の田中幹事長に福島の身柄を預けたことからきている。福島としては佐藤派のつもりだが、佐藤派が田中派と福田派に分解したところへ、選挙区では福田派の候補がいるという事情もあって、自然に田中派になった。

大原一三（昭26年組、官房参事官で退官）も早くから脱官僚化した。四十六年には総選挙があることを見越して一年前の四十五年暮に退官した。しかし運がなかったというか、地盤も分けて貰えず、無理に割り込むことになって、四十七年十二月の総選挙は落選、五十一年総選挙では無所属ではあったが、新自由クラブからの推薦を取りつけて当選した。しかし、新自由クラブは内紛で大変なイメージダウンを来しているとき五十年十月衆議院が解散し、このときはついに次点に泣いた。五十五年総選挙では自民党に復帰してカムバックした。『落日の日本』（エール出版）と題する著書がある。

池田行彦（昭36年組）は池田勇人（大14年組）の次女紀子と結婚して入籍、粟根姓を変えた。池田が亡くなるいまわのとき、紀子に「お前は大蔵省からムコを貰って池田家を継いでくれ」と言い残し、池田人脈につながる大蔵省の後輩たちが奔走し、粟根と結婚した。四十九年には大平大蔵大臣の秘書官となって政治の勉強をし、五十年四月に退官、五十一年の総選挙では池田の地盤から出るべく猛烈に走り回った。だから彼の場合は脱官僚というよりは否応なしに政治家に仕立てられたようなものだ。現在は当選三回である。

柳沢伯夫（昭36年組、内閣官房長官秘書官で退官）は同期生の中に池田行彦がおり、また官房長官秘書官の仕事で政治に対する刺激を受け、解散風が吹きまくる五十四年七月に退官、郷里の静岡三区から立候補したが、運動期間が短くてこのときは落選した。しかし五十五年では三位で当選した。四十五歳。

浜田卓二郎（昭40年組、主計官補佐で退官）は課長前で辞めているので『大蔵省人名録』にはのっていない。在学中に司法試験と国家公務員上級職試験の両方を合格しており、大変な秀才である。五十三年秋頃に総選挙があると読んで一年前に退官した。激戦地の埼玉一区に割り込み苦戦、五十四年選挙では次点に泣いたが、五十五年では晴れて当選した。このときは地元社会党の内紛があり、社会党を除名された県議が浜田後援に回ったためとみる向きもある。大蔵官僚出身代議士では三十九歳と最年少である。

宮下創平（昭28年旧制組、官房審議官で退官）も政治の刺激を受けた。四十三年十一月から保利官房長官の秘書官を二年半つとめ、大蔵省に戻ってからは主計畑を歩き、主計局総務課長のあと五十二年に東京税関長に転出、一年で官房審議官に戻った。同期生には吉野良彦・水野繁・宮本保孝らがおり、これらトップ集団の中を走っていた。五十四年の二月で退官したのは、一年の運動期間をみての話といわれたが、事実上半年しかなく、自民党籍なしの無所属で立候補したが見事栄冠を勝ちとった。当選後は自民党に入り、福田派に所属している。

森田一（昭32年組、内閣総理大臣首席秘書官で退官）は大平正芳（昭11年組）の女婿、大平

が外務大臣になったとき二十九歳で秘書官になり、その後岳父が大蔵大臣・外務大臣になるとそのつど秘書官になって、結局秘書官稼業は七年半もやった。女婿という点ではよく福田の女婿である越智通雄と比較されるが、対照的な存在であったことは事実である。五十五年五月、大平内閣は野党からの内閣不信任案をうけて衆院は解散、衆参同時選挙となったが、選挙戦のさなかで、大平総理は急性心不全をひき起こし総理現職のまま急逝したため森田は急遽、身代り立候補して当選した。いずれは大平の後釜を森田が引き継ぐであろうことは予想されていたが、大平がこうも早く亡くなったため、森田にとっては予期しない出馬であったけれども、しかしそれは時間の問題であったともいえる。

柿沢弘治（官房参事官で退官）は井出官房長官秘書官を一年半つとめたことが刺激要因となって政治に対する関心をもちはじめたが、近藤鉄雄が座長になって組織した「若い世代の会」の一員として経済・外交問題を論じ合ったことや、河野洋平などの薦めもあって大蔵省を飛び出した。あと二ヵ月在職していれば公務員年金がついたのに、それを投げ打ったということが選挙民の心を揺さぶり、五十二年七月の参議院選挙では東京地方区でビリながら当選した。しかし参議院に六年というように小さく固まるよりは衆議院へということで、五十四年十月総選挙めがけて準備万端おこたりなしのはずだったが、八月末に悪性扁桃腺炎で入院、ついに出馬を辞退した。しかし選挙の機会は早くやって来て、五十五年六月総選挙では東京六区から立候補、当選した。しかし新自由クラブという少数党の悲哀をかこっており、最近はポツリポツリと自民党に復帰する人が出るなかで、柿沢は「残るも地獄、行くも地獄という、なかなかむずかしい立場なんです」と苦しい胸のうちを打ち明けていたが、新自由クラブと社会民主連合の統一会派に反対して、新自由クラブを脱会、現在は無所属である。

野田毅（昭39年組、課長補佐で退官）は旧姓を小立といったが、野田武夫代議士の娘と結婚して野田と改姓した。浜田卓二郎の一年先輩に当たる。岳父の地盤を継承するため四十七年十二月の総選挙に出て初当選、四回生である。大蔵省の卒業生の国会議員が集まると若輩として最末席になるが、国会議員としては近藤鉄雄・越智通雄などと同じく大きな顔をしていられる。

藤井裕久（昭30年組、主計官で退官）は四十六、七年竹下、二階堂が官房長官のとき二年間秘書官をやったことがある。大蔵省に戻ってからは主計官となり、堅気の道を歩くつもりでいたようだが、五十二年七月の参議院選挙のタマとして自民党から目をつけられ、強引な説得工作で落ち、鳩山威一郎（昭16年前期組）を推した企業グループが、その余力を駆って三年後にもう一度ということで藤井を推し当選した。話としてはまったく唐突だったことは事実だったが、もともと政治が好きだったから急速にそちらのほうに傾斜し、走り出したということだ。

こうしてみてくると、若手大蔵官僚のほとんどが秘書官をしていた関係で政治に対する関心が高まり、自ら政治家たらんとする気持を触発させられているようである。大原・浜田・野田のように秘書官経験がないものもいるが、それでも回りからの刺激で、政治家を志すことになっているという点では同じともいえる。

戦後の政界に躍り出た高級官僚

官僚が政治家になるのは地方にとって中央への太いパイプになれる人物ということが大きな条件の一つになっている。こういう官僚は、かつて中央政界で鳴らした政治家の地盤をそっくり譲りうけて政治家に変身することになる。戦前の官僚政治家といわれる人物には内務官僚出身者が多かったが、これは、警察・知事出身などが、中央へのパイプ役として適任とみられたからだ。ところが、戦後は大蔵官僚を中心とする経済官僚の進出が目立つようになった。これには、戦後の日本にとって、経済復興・産業再建が大きな課題であったし、それ以外の選択が許されなかったということがある。

戦争が終り占領軍のもとで新しい民主政治が運営されたが、追放制度で鳩山一郎・三木武吉・河野一郎らの旧党人政治家が政治の舞台から姿を消し、政治のイロハを知らない新人ばかりが国会に出てくるようになった。このとき、吉田茂は自分の手兵をつくらなければ政局はつねに不安泰になるということを自らの体験で知り、官房長官の佐藤栄作に各省の高級官僚を大挙政界に出馬させるべくリスト・アップさせた。このなかには官房長官の佐藤栄作（前運輸次官）はもちろん大蔵次官池田勇人・外務次官岡崎勝男・労働次官吉武恵市・農林次官坂田英一と五人の次官をはじめ、局長・課長クラスでは外務省で福田篤泰（文書課長、外相前秘書官）・北沢直吉（参事官）、大蔵省から前尾繁三郎（昭4年組、前主税局長、造幣局長）・橋本竜伍（昭9年組、経済安定本部財政金融局企業課長）、通産省関係からは南好雄（東京燃料局長・中村幸人（元課長）・小金義照（燃料局長官）・運輸省関係から西村英一（鉄道総局電気局長）・岡田五郎（大阪鉄道局長）・満尾君亮（元鉄道局長）、農林省関係から遠藤三郎（総務局長）・内務省から西村直巳（静岡県知事）・青柳一郎（山口県知事）・藤枝泉介（群馬県副知事）・福永健司（埼玉県副知事）・田中啓一（岐阜県副知事）・中村清（三重県副知事）・大橋武夫（戦災復興院次長）・塚原俊郎（世論調査課長）といった顔ぶれが並んでいた。

そして、これら高級官僚が二十四年一月の総選挙でそろって当選、政界進出を果たした。このとき当選した大蔵官僚は、池田勇人・前尾繁三郎・橋本竜伍の三人だったが、二十七年になると、それが一挙に八人と、前記三人のほか黒金泰美・大平正芳・迫水久常（大15年組）・太の進出をうながし、勇気づけることになった。さらにバカヤロー解散といわれる二十八年四月総選挙では八人と頭数は変わらないが、太田正孝が落選して野田卯一（昭2年組）が当選するという中味の変化が生じている。三十年二月総選挙では迫水久常が落選、太田正孝がカムバックし、新しく当選した人では植木庚子郎（大14年組）・内田常雄（昭5年組）の二人のほか愛知揆一（昭6年組）が参議院議員を辞めて当選した。

さらに三十三年五月の第二十八回総選挙では前回カムバックした太田正孝が落選したほかは、一〇人が再選、さらに東京三区から古い大蔵官僚の賀屋興宣が最高点で当選している。三十五年十一月の第二十九回総選挙では一一人全員が再選されたほか、金子一平（昭12年組）・正示啓次郎（昭8年組）の二人が当選した。金子は定員四名の岐阜県二区から立候補したが、自民党が三人も公認で出馬しているところへの割込みのため公認がもらえず、無所属で出た。結局自民党公認の一人が落選、金子と入れ替った形となり、金子は当選ののち自民党に移籍した。

このあたりまでの大蔵官僚政治家は、橋本・大平を除けばいずれも次官・局長を経験している高級官僚ばかりである。大蔵省をOBとなって次の人生を考えるとき、国会議員を目指そうというのは、在官時代のキャリアを政治の世界で活かそうということもあるが、いま一つ大きな衝動となっているのは、機会があれば大臣になって政治の実際をリードして行きたいという野心もないとはいえない。事実このあたりの官僚政治家はいずれも大臣になった。横顔をみてみよう。

池田勇人　大蔵次官を一年一ヵ月でやめ二十四年の総選挙に初当選、代議士一年生で大蔵大臣になったことはすでにみた。下村治（昭9年組）の成長理論をもとに編み出された〝月給二倍論〟を実践するため、自分が総理になることを強く意識するようになり、六〇年安保騒動が起こったさなかに自民党大会が開かれ、池田は決選投票で石井光次郎を破って総裁に就任、岸信介のあとの総理に指名された。池田は岸のタカ派的イメージを一掃する政治理念として寛容と忍耐を謳い、十年後に国民所得を二倍にする国民所得倍増計画を政策として打ち出す。池田が総理の座にあった四年半近くの間、日本経済は文字通り高度成長を実現し、GNPはアメリカにつぐ世界第二位の経済大国になった。しかし、三十九年十一月、池田はガンのために首相の座から降りることになった。池田の退陣は、あたかもその前の月の十月に盛大に挙行された東京オリンピックの直後でもあり、それがまた高度成長のフィナーレを告げるものでもあった。池田は四十年八月ついに亡くなった。

前尾繁三郎　池田と一緒に二十四年の総選挙に出馬当選した。五十四年の第三十五回総選挙で不覚の落選をみたが、三十六回総選挙でカムバックした。落選がなければ連続一三回の最多当選記録保持者になるところだった。池田の亡きあと宏池会を代表してきたが、佐藤自民党総裁四選のとき総裁公選を見送ったことから若手からの不満を誘発、四十六年四月、宏池会代表の座を大平正芳に明け渡す羽目になった。その後四十八年五月に衆院議長に就任、三年八ヵ月の在任で連続では最長の記録を残した。五十六年七月、心筋梗塞のため死去した。七十五歳。

橋本竜伍　衆議院議員歴は当選六回、厚生大臣・文部大臣等を歴任、三十七年十一月に六十歳前に死去した。岡山二区の地盤は息子の竜太郎が継ぎ、現在は親父の当選回数を上回る七回生となっている。

黒金泰美　池田の秘書官をやり、二十四年六月、次の総選挙に郷里山形から出るための布石として仙台国税局長になり、二十七年に初当選。三十七年には第二次池田内閣のときの官房長官になった。ところが〝好事魔多し〟のたとえの通り、三十九年に吹原事件が起こり、これに黒金が一枚かんだといわれた。吹原事件は十七年たった今日、なおその全容を詳らかにしえない奇怪な事件といわれるが、黒金はこの事件のために四十二年の第三十一回総選挙では落選の憂目にあった。その後四十七年の補欠選挙で返り咲くが五十一年の第三十四回総選では再び落選した。五十四年の総選挙では当初出馬の下馬評もあったが、当選の見込みなしとわかって引退を表明した。

太田正孝　大蔵省では津島寿一、中島弥団次らと同期だが、大蔵省では不遇な人であった。

大正七年になってやっと主計官になるが、なかなか課長になれず、しびれを切らして大正八年に大蔵省を辞め、報知新聞の副社長になった。報知新聞は大隈重信の創立になるもので、きわめて政治色が強く、民政党寄りで政友会攻撃をやっていた。昭和五年から終戦の年まで官僚出身としては数少ない代議士であった。戦後パージにあったが、追放解除とともに再び政界にうって出た。二十七年に当選したが、二十八年の第二十六回総選挙で落選、二十七回も落選、三十四年六月の第五回参議院選挙で静岡地方区から六年生議員として当選、次の四十年には出馬しなかった。官僚としてよりは政界人として知られた。

迫水久常　大蔵省時代は理財畑育ち、戦前はいわゆる革新官僚のリーダーと目された。岡田啓介海軍大将の女婿で、終戦の年の鈴木貫太郎内閣の内閣書記官長をつとめた。「鈴木の組閣の手伝いができるものが周囲に一人もいない。ついてはすぐここへ来て手伝ってほしい」という岳父の電話で、津島寿一蔵相の許しを得て組閣本部へ入った。終戦に関する詔書の草案を起草して有名で、彼の終戦工作は『大日本帝国最後の四ヵ月』（オリエント書房）にくわしい。戦後はパージに会うが、解除とともに政界に出る。三回目のときの第二十七回総選挙で落選、その後は参議院に回った。三十七年から連続四回当選しているが、五十二年七月二十五日、急性心不全で亡くなった。七十四歳。南九州財務局長をつとめた迫水久正（昭30年組）は子息である。

大平正芳　池田蔵相の秘書官になる前に、すでに秘書官稼業は二回つとめた。二回とも津島寿一蔵相のときで、最初は小磯国昭内閣、二回目は戦後の東久邇内閣時代で、いずれも内閣の寿命が短かったため、二回とも二ヵ月で終った。池田時代は三年半はもっぱら政務秘書官としてつとめ、行政官の仕事には見切りをつけていた。二十七年の抜打ち解散に歩調を合わせて大蔵省を辞め、郷里香川二区から出馬して当選した。五十五年六月に総理現職のまま死去するまで連続一一回の当選であった。池田亡きあとの宏池会を前尾から引き継いで主宰し、通産・外務・大蔵の各大臣をつとめ、五十二年には自民党幹事長となり、福田と争って自民党総裁の椅子を奪取、内閣総理大臣に就任した。

五十四年総選挙では大型消費税導入による財政再建を訴えて大敗を喫し、責任問題で自民党内は混迷に陥るが、与野党伯仲という状況のなかで五十五年六月、内閣不信任案が可決、大平総理はただちに解散、衆参両院同時選挙となった。この選挙戦のさなか、心筋梗塞を起こして亡くなった。七十歳。総理在任中に亡くなった人は、むかしは加藤友三郎・加藤高明の二人、戦後でははじめてのことである。

福田赳夫　大蔵官僚出身代議士としては前尾繁三郎が亡くなったため連続一二回当選という長期記録は福田だけのものとなった。大蔵省時代は賀屋主計局長のもとで陸軍担当主計官をつとめ、文書課長・秘書課長をへて、戦後はじめて創設された官房長となって敏腕を振った。二十一年七月に銀行局長、二十二年九月には主計局長となる。ところが次官を目前にして昭和電工事件に連坐、休職を余儀なくされ、二十五年十一月に無念の恨みを残して大蔵省を辞め、素浪人となった。二十七年に、第二の人生を切り開く必要から政界に打って出る決意を固め、無所属で立候補し当選した。このときは池田全盛時代で、福田にとっては冷飯の時代であった。池田が退陣して間もなく到来した四十年不況のとき大蔵大臣に就任、当時タブー視されていた国債発行に踏み切る。福田は佐藤栄作から次期政権の禅譲を期待していたが、田中角栄と総裁の椅子を争う羽目に追い込まれ、一敗地にまみれる。その田中が金脈問題批判を契機に退陣、椎名裁定で三木武夫が〝青天の霹靂〟といって総理となって、福田は再びお預けを食うことになるのだが、二年後に〝三木おろし〟政変が起こり、総理大臣に就任する。

東京サミットを五十四年に控え、福田は自分の手でこれを成功させたいと思ったが、五十三年十一月の自民党総裁公選の予備選挙で大平幹事長に敗れ、総理の椅子から降りた。現在は福田派の清和会を主宰するとともに自民党の長老としての立場にある。

野田卯一　石橋湛山蔵相時代に主計局長をしていて、山際次官が追放になって山田義見（大12年組）が思いがけず次官のポストを拾ったあとは、野田が次官本命とみられていた。ところが石橋は主税局長の池田勇人を次官に起用したため、野田はお預けを食う形となった。しかし池田は一年一ヵ月で辞め政界に出たため、野田が次官に昇格した。第三次吉田内閣のとき池田蔵相が誕生、野田は日銀副総裁か専売公社総裁のいずれかに行くことになり、専売公社を選択したところ、そのうちに総裁は民間人でなければいかんという議論が出て、総裁に秋山孝之輔がなり、野田は副総裁に甘んじることになった。このとき野田の政界入り決意が固まった。二十五年六月の第二回参議院全国区で六年生議員に当選したが、二十八年四月の第二十六回総選挙で岐阜一区から出馬当選、その後は連続九回当選した。参議院時代に建設大臣・行政管理庁長官、衆議院時代は経済企画庁長官などを歴任、現在は政界を引退している。

愛知揆一　大蔵省最後のポストは銀行局長であったが、二十五年六月の第二回参議院全国区で当選、野田の衆院鞍替え成功に刺激されて、三十年二月の第二十七回総選挙に出馬して当選した。第一次岸内閣時代の官房長官をつとめ、その後、法務相・自治相・文相等を歴任、第一次佐藤内閣時代には国務大臣として官房長官をつとめた。その後外務大臣となり、また田中角栄が総理のときに大蔵大臣をつとめた。四十八年秋石油危機に見舞われたとき、公定歩合引上げを主張する日銀総裁佐々木直の意見を愛知が最後まで反対したため、それが実現できなかったといわれた。その直後、十一月に急死、ついに国会議員生活は連続七回で終った。愛知の地盤は養嗣子の和男が受け継いでいる。

植木庚子郎　大蔵省時代は主計畑を歩き、昭和十七年に主計局長となり、終戦の年に専売局長官となった。同期の山際が次官となったためである。戦後は公職追放に会い、二十五年に解除、二十七年の総選挙に出馬当選した。五十一年の第三十四回総選挙で落ちるまで連続九回当選、その間法務大臣を二回、第一次田中総理時代にわずか五ヵ月間の大蔵大臣をつとめたことがある。日本列島改造ブームのさなか、田中角栄のリモコンによる大蔵省操縦ともいわれた。落選後は政界を引退、五十五年三月十一日、心不全で死去、八十歳。

内田常雄　大蔵省時代は同期に河野一之・渡辺武らが中枢を歩き、内田は外回りが多かった。専売局・経済安定本部等を経て本省に戻り、管財局長になったが、一年で退官、二十七年十月の総選挙に出て当選するが、次回は落選、二十年の第二十七回総選挙で返り咲いた。五十一年十二月二十九日に亡くなるまで九回当選、その間、厚生大臣・経済企画庁長官などを歴任した。

賀屋興宣　青木・石渡・賀屋の大蔵省三羽烏といわれた一人、早くから主計畑を歩き、主計局長となったが、二・二六事件で高橋是清が殺されたあとの蔵相として馬場鍈一（明36年組）が起用されたとき、人事の大刷新が行われ、三羽烏はチリヂリバラバラにさせられた。賀屋はこのとき主計局長に留まったが、馬場財政のもとではつとめられずとして理財局長に回った。広田内閣が思わぬところで総辞職したため、結城豊太郎の蔵相のもとで賀屋は次官に昇格、ついで四ヵ月も経たないうちに近衛内閣の大蔵大臣となった。もともとは軍部抑制派の健全財政論者であったが、ここへきて軍部同調に変質、賀屋自身が革新官僚の一員になってしまった。

戦後は戦犯として巣鴨刑務所に入れられたが、昭和三十年九月にまる十年で仮出所し、その後は赦免となった。三十二年に自民党入りし、三十三年の総選挙で東京三区から最高点で当選、その後は四十七年に引退するまで連続五回の当選を果たし、地盤を福田赳夫の女婿、越智通雄に譲った。五十二年四月二十八日、急性腎不全のため亡くなった。八十八歳。戦前にもらった勲章を返上したばかりか、戦後、勲一等旭日大綬章の内示を辞退する一徹な人であった。

金子一平　大蔵省時代は〝花の十二年組〟といわれた人たちの一員だったが、総務課長にはついにならなかった。大阪国税局長で大蔵省を辞め、池田のすすめで三十六年の総選挙で岐阜二区から立候補、当選した。五十三年には村山達雄（昭12年組）のあとの大蔵大臣に就任した。多くの先輩たちが亡くなったり、落選引退したりしているなかで現在残っている福田赳夫を除けば大蔵官僚出身政治家としては古参の域に入る。

正示啓次郎　大蔵省時代は主計・主税の主要ポストを歩き、主計局次長から管財局長・理財局長になった。次官を理財畑の石田正とせり合う形になったが、石田に一歩譲った。大蔵省を辞めたあと農林漁業金融公庫副総裁となったが、地元和歌山からかつがれて出馬、現在まで連続八回当選の古参になっている。当選五回以上ともなると国務大臣になれる切符を握ったことになるのだがなかなかなれず、五十四年に晴れて経済企画庁長官になった。同じ選挙区から大蔵官僚の大島弘（昭22年前期組）が社会党から推されて進出、競争関係に立っている。

このほか当選七回、六回、五回の連中がいるが、いずれも政治への刺激を受けてこの道に飛び込んできたものばかりである。岩動（いするぎ）道行（昭14年組）は林譲治衆議院議長の女婿で、吉田茂の第二次内閣の秘書官をつとめた。郷里岩手から石井光次郎引退のあとをうけて三十八年に最高点で当選するが、四十二年にはそれがたたって落選、四十三年の参議院補欠選挙で参議院議員になってからは、今日まで続けて二回当選している。村山達雄は池田が総理大臣のとき主税局長で退官、新潟三区から当選した。五十二年十一月には大蔵大臣に就任、円高問題の困難な一年をつとめた。五十四年に大光相互銀行事件が起こり、村山の政治資金が大光から出ているとして国会でもとりあげられたが、この年の総選挙はなんとか乗り切った。七回生である。山下元利（昭18年組）は大蔵省に入ったとき海軍短期現役見習尉官になり、終戦の年は海軍主計大尉であった。第二次鳩山内閣のとき総理大臣秘書官をやったことが遠因となり、四十一年広島国税局長で辞め、四十二年の第三十一回総選挙で滋賀県から立候補、当選した。田中派に属し、防衛庁長官で山下ありの名声を残した。

木野晴夫（昭18年組）も山下と同期、高等試験は行政科と司法科の両方とも合格。大蔵省ではついに総務課長にならずに北海道財務局長となったため、大蔵省は見切りをつけ、政治に飛び込んだ。苦節三年、四十二年の総選挙で初当選、連続の六回生である。大臣の切符を入手した形ではあるが、これからである。

宮沢喜一（昭16年後期組）は衆議院でこそ六回生だが、その前には二十八年から四十二年まで十四年間、参議院議員をつとめたこともある最古参の一人である。大平正芳と一緒に池田の秘書官をつとめ、池田の歩くところに必ず宮沢がついて回った。若手のホープといわれたが、その宮沢も数え年六十を越した。鈴木善幸内閣の官房長官として泥まみれになっているが、世代交替の際の後継者となれるかどうか、今後の課題である。

松本十郎（昭17年組）地元選出代議士堀川恭兵が高齢のため後継者探しをしていたところ松本に白羽の矢が立ち四十四年に政界入りした。五十一年に落選したが、若節三年、カムバックした。これからが勝負である。

塩崎潤（昭16年前期組）主税畑を歩き主税局長を最後に四十三年の参議院選挙に全国区から立候補、上位当選間違いなしといわれたが予想が外れて次点に泣いた。四十四年に衆議院に挑戦当選した。参議院に当選していたらいまの塩崎ではなかったろうといわれるほどに人が変わったという人もいる。

佐藤一郎（昭12年組）大蔵次官から四十年の参議院選挙に出馬、当選した。四十六年再び当選するが、衆議院に鞍替えするため四十七年に辞職、五十一年暮の総選挙に出たが落選した。このときの「落選を薬に動いた」（朝日新聞、五十四年八月十一日付）ことが功を奏して当選、二回生である。

大島弘　東北財務局長を最後に辞め、郷里和歌山で弁護士をしていたところ、社会党から推されて五十一年に当選、五十四年は苦杯を喫したが、五十五年カムバックした。大蔵省出身者は自民党が多いなかで、ただ一人の革新系議員、異色の人である。

参議院議員になったMOF関係者

参議院で現存しているのは、さきにもふれた岩動道行・藤井裕久のほか、嶋崎均（昭22年前期組）・鳩山威一郎・下条進一郎（昭19年組）・谷川寛三（昭18年組）の六人である。第一回の選挙以来一二回になるが、その間に木内四郎（大9年組）・黒田英雄（明38年組）・市来乙彦（明29年組）・津島寿一・青木一男（大5年組）・大矢半次郎（大7年組）・杉山昌作（大14年組）・太田正孝といった戦前派の復古調的進出が目立ったが、これらの人たちはすでに高齢になって政界を引退したりあるいは亡くなったりしている。最長記録の保持者は木内四郎の五回で、四回は青木一男・迫水久常・塩見俊二（昭6年組）で、青木は五十二年に引退、ほかの三人はいずれも亡くなった。三回生は高橋衛で四十六年に落選した。

現役組を一瞥しておく。嶋崎均は大倉真隆らと同期、主計畑を歩き、文書課長をやっており、大蔵省に残っていたらば大倉と次官を争うことになったろう。官房審議官で辞め、四十六年の参議院補欠選挙で石川県から出て当選、三回目である。嶋崎兄弟は有名で、九州大学教授をしていた弟の譲は社会党で石川県一区から当選している。

鳩山威一郎は鳩山一郎の御曹子、官僚の最高峰である事務次官になるまで幾度か衆議院選挙にかつがれたが、政治嫌いで押し通した。ＯＢになってやっとみこしをあげ、参議院全国区から住友グループ、専売関係の後援で当選した。議員になってみると政治嫌いだった鳩山も面白くなり、いまでは辞められなくなった。五十五年六月の衆参同時選挙で再選した。

下条進一郎　海軍主計科見習尉官から終戦でポツダム中尉に。大蔵省は日銀政策委員で退官、参議院議員、文部大臣だった下条康麿の御曹子である。四十七年に政治運動に入り、四十九年七月の第十回参議院選挙では次点に泣いた。苦節五年、次の五十二年七月の参議院選挙で郷里長野から当選した。

谷川寛三　早くから政治に進むのではないかといわれたが、大蔵省は関税局長で退官、電源開発会社理事になり、五十一年十二月の第三十四回総選挙に郷里高知から出馬、上位で当選した。しかし次回の五十四年総選挙では次点に泣いた。五十五年六月の同時選挙では参議院に転換、当選を果たした。

六章　ＯＢとなったエリートたちの行方

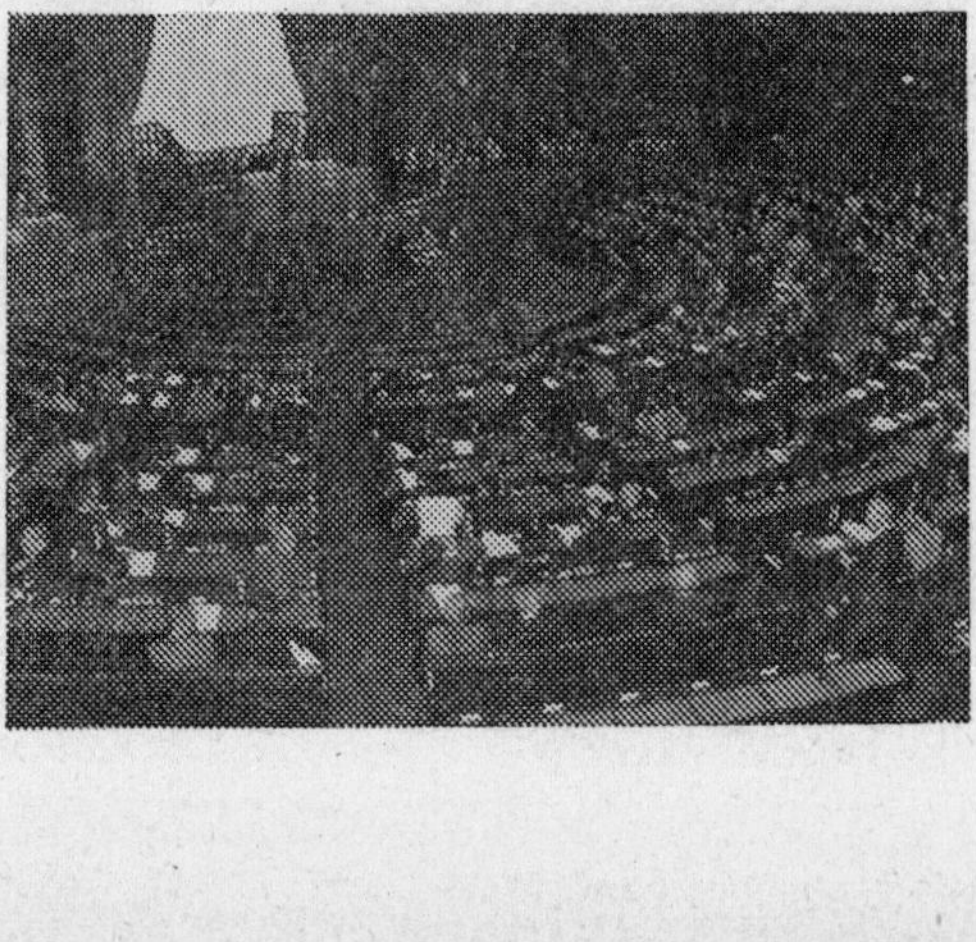

ＯＢになってもローテーションは続く

大蔵省はよその省庁に比べると面倒みがいいといわれている。ひとたび大蔵省の人間として採用した以上は、よほどのことがない限りクビにはできないし、公務員定年制法ができたからといってそれはまた先の話のこと、肩叩きによる退職勧奨制は引き続きやって行かなければポストは糞づまりになる。肩を叩いて現役ポストを明けさせるわけだから、役所としてもそれなりの責任をとらなければならない。事実、官庁の異動は現役ばかりに限ったものではなく、公団・事業団等、政府関係機関に入った人たちの分まで合わせて動かすことになっているようである。

よく公団・事業団を渡り歩くというけれども、これもＯＢの異動がローテーションに組み込まれている関係上、本人にしてみればいつまでもそのポストにしがみついているわけにいかず、後輩に席を明け渡す仕組みになっているからであって、本人は好き好んで渡り歩いているわけでは決してないのである。自分が後輩のために明け渡す以上は、先輩も誰かに明け渡さなければならない。その先輩がいつまでも椅子にしがみついていたり、別のポストをよこせということになると、官房としては困るという仕儀になる。

大蔵省はOBになった連中のポストをできるだけ保証しているという意味で、面倒みがいいということになるのだが、それも実をいえば大蔵省という役所のもっている権力ないし影響力のしからしむるところであって、それなしには不可能だといっていい。

権力ないし影響力の及ぶ範囲としてあげられるのは、まず予算にからんだ政府関係機関があげられる。これには政府が直接出資している日本開発銀行・日本輸出入銀行をはじめ各種金庫・公庫・公団・事業団などは、いずれもその範疇に入る。政府金融機関としての銀行・公庫などは、今ではそう簡単に設立できないから、ポストは限られてくるが、公団・事業団はここ十年の間に急膨脹したから、ある意味ではOBの押し込みには適当な機関である。

これらの公団・事業団は、農林水産省・通産省・労働省などよその省が大義名分を振りかざして設立計画をたて、大蔵省は予算査定の段階で削るということになるのは、例年の予算折衝でみられる一つのパターンになっている。ところが事務折衝の段階から政治折衝の過程で有力政治家の口ききが強く、ついに押し切られ設立をみるということで、今日特殊法人と称する機関は一〇八を数える。これらの機関がひとたびできあがることになると、設立に際してはあれだけ反対しながらも、大蔵省はスタッフを出向させ、役員についてもポストの一つをちゃんと確保させているところに、なんとも割り切れない矛盾があるのだが、これがまた大蔵省ＯＢのポスト確保策としては無視できないものがあるわけである。

国の予算・財政投融資に関連したものの次にあげられるのは、行政指導による影響力の行使を受けるところである。そのなかには大蔵省の各局に関係したところを拾い出してみると判然とする。

まず税金に関連したところとして、その最たるものは酒税で、酒の製造・販売にからんだところがあげられる。たとえば日本酒造組合中央会・日本酒類販売株式会社・日本蒸留酒酒造組合などがそれである。次に関税に関連したところでは、空港・港湾・倉庫などがある。たとえば日本空港ビルディング株式会社・福岡空港周辺整備機構・航空貨物情報処理センター・横浜倉庫・国際空港上屋株式会社などがあげられる。

次は銀行・証券に関連したものがある。銀行・証券はいうまでもなく大蔵大臣の免許事業で、それぞれ銀行法・相互銀行法・信用金庫法・証券取引法によって規制されており、個々の業務内容についても当局の行政指導を受ける立場にある。したがってここでの影響力行使はかなり効く。それでも人事院規則に抵触しないことが条件になる。銀行・証券・保険の各社に役員・顧問として迎えられるケースについては、別項で詳しくみるが、このほか銀行の周辺業務、金融・証券関係の団体の役員に迎えられるケースもある。

このほか大蔵省という役所の影響力を離れて、「この人でなければ……」と見込まれて民間にストレートに貰われて行くケースがある。大蔵官僚卒業生で民間会社に行く例は少ないといわれるが、それでも決してないわけではない。

最後は、大蔵省という官僚機構の中で、中枢を歩かせられた人の中には、大蔵省を卒業しても官僚の本道を歩かせられる人たちがいる。これは自分から願ってなれるものではなく、一介の民間人にしてしまうにはもったいないという配慮が各方面から働いて、最後まで官僚の殻の中にはめこまれるのである。

こういう人たちは大蔵省を出ても、公団・事業団などを渡り歩かず、政府関係機関のトップだけに坐り、民間の空気を吸っていない。回りが〝この人は大事な人〟ということで、あまり傷がつかないようなポストだけを歩かされ、いざというときの取っておきの駒として使われる。たとえば森永貞一郎（昭6年組）・谷村裕（昭13年組）・澄田智（昭15年組）・竹内道雄（昭19年組）といった大蔵次官経験者の中でもさらにすぐれた連中がこの範疇に入る。

金庫・公庫はOBたちの転出先

OBとなったエリートたちのもっとも手頃な転出先は金庫・公庫・公団・事業団などの政府関係機関である。ここはOBになっても異動のローテーションに組み込まれており、二〜三年の、人によっては重任して四年ぐらいの期間をおいて動かされている。そしてここでも官僚機構特有の年次という名の序列を乱すようなことはほとんどない。二〜三年の期間が明ければ人事院規則の抵触から離れることになり、やがて晴れて民間に天下りが可能となる。その意味では天下り予備軍の溜り場と言い換えることもできる。しかし民間に天下れない場合は、公団・事業団あるいは公益法人などに行くことになる。

まず農林組合中央金庫だが、ここは副理事長か専務理事がMOFポストになっている。五十三年五月、証券局長だった山内宏（昭23年後期組）が大蔵省定期異動をまたずに天下ってきた。次期主税局長説もあったが、高橋元（昭24年組）に席を譲った。このポストの前任者は宇佐美勝（昭18年組）で、山内に譲ったあとは東北開発株式会社総裁に就任している。宇佐美の前は大島寛一（昭12年組）で、日銀理事のあと最初から副理事長として六年半つとめた。その前は同期の大月高（昭12年組）で、農林漁業金融公庫副総裁から副理事長に就任している。大島は現在新日本製鉄の監査役、大月は日本ハウジングローンの社長となり、五十六年の総会で会長に就任した。

商工組合中央金庫も副理事長は大蔵省ポストになっている。五十六年九月の異動で徳田博美（昭24年組）が開銀理事から転出してきた。徳田は銀行法改正案を仕上げるために銀行局長に就任、少なくとも当初は三年ぐらい勤め上げる含みがあったが、法案の国会提出をみることなく二年で辞め、五十四年に開銀理事に就任したばかりであった。後任の米里恕（昭26年組）が五十六年の異動でOBとなり、開銀理事となるために席を明けた。

徳田の前任者は広瀬駿二（昭16年後期組）で、四十八年十一月から約八年、任期をまたずに辞任した。小磯内閣の厚生大臣広瀬久忠の次男、大蔵省は証券局長が最後のポストであった。長男の広瀬久重は日銀理事で、四十七年の日航機事故のためモスクワで客死した。広瀬の前任者は渡辺誠（昭13年組）で、財務参事官から為替局長となり、初代の国際金融局長となって退官、海外経済協力基金理事から商工中金に回った。商工中金にはこのほか近藤清彦（昭22年後期組）が監事をしている。前任者は武樋寅三郎（昭14年組）で五年つとめた。

国民金融公庫は総裁・副総裁ともＭＯＦ・ＯＢが占めている。総裁は大倉真隆（昭22年前期組）で、主税局長から次官になり、一浪のあと五十五年六月に現職に就任した。前任者は佐竹浩（昭15年組）で、沖縄振興開発金融公庫理事長から五十一年四月に転じた。現在は日本長期信用銀行監査役になっている。副総裁は辻敬一（昭23年前期組）で、行政管理庁次官を辞めて五十五年七月、現職についた。前任者は平井廸郎（昭19年組）で、辻の前の行政管理庁次官であった。副総裁を辞めたあとはときわ相互銀行顧問となり、五十五年十二月に副社長に、五十六年五月社長となった。財界関係雑誌には〝次官天下りの相銀入りめぐる噂〟などと書きたてられた。

国民金融公庫には理事ポストがＭＯＦ出身者のためにあり、海原公輝（昭26年組）が沖縄開発庁振興局長を辞めて就任した。理財局総務課長のあと国土庁・沖縄開発庁と外回りが多かった。前任者は伊勢谷浩（昭23年後期組）で、駐英公使を辞めたあとオクシデンタル・ライフ・ジャパンという外資系生命保険会社の顧問をつとめたが、日本撤退とともに辞めて国民金融公庫入りした。いまはスミス・バーニー・ハリス・アプハムという証券会社の東京支社顧問となっている。伊勢谷の前は角政也（昭21年組）で、世界銀行理事を辞めて就任、五十一年九月に亡くなった。

住宅金融公庫の副総裁もＭＯＦポストである。現在は岩瀬義郎（昭22年後期組）が坐っている。理財局長で辞めたあと日本キャッシュ・サービス（株）社長をつとめたが、五十四年十二月に現職についた。前任者は大田満男（昭21年組）、その前は小熊孝次（昭16年後期組）であった。大田は造幣局長で退官、日本住宅公団理事・総合開発機構社長を経て五十二年十二月に就任、現在は国家公務員共済組合連合会理事長である。小熊は神奈川相互銀行社長半田剛（昭16年前期組）が亡くなったあとの社長に迎えられた。

理事ポストには篠田信義（昭16年組）がいる。大阪国税局長から印刷局長となり、五十五年に退官して現職についた。前任者は谷口昇（昭25年組）で、五十三年六月、国税庁次長で退官、住宅金融公庫入りしたが、五十五年十二月、兵庫相互銀行に取締役として迎えられ、現在は専務取締役をしている。その前は立川宗正（昭22年後期組）で、現在は自動車事故対策センター理事をしている。

農林漁業金融公庫も副総裁がＭＯＦポストである。前任者は鈴木喜治（昭16年後期組）・岩尾一（昭16年後期組）・佐竹浩・大月高といった錚々たる顔ぶれが並んでいる。現在は行政管理庁次官をやめた小田村四郎（昭22年前期組）がなっている。

中小企業金融公庫は現在船後正道（昭18年組）が総裁になっている。総裁になることを前提として副総裁荒井勇（昭17年組）の後釜にすわり、五十年十二月に昇格した。主計局次長・企画庁官房長を経て環境庁入りし、四十八年七月に次官になった。その後日本環境協会理事長になり中小企業金融公庫入りした。副総裁だった荒井は現在日本証券経済研究所理事長である。

理事ポストには川崎昭典（昭27年組）がいる。国税庁次長を五十六年の異動で辞め現職についた。前任者は天野可人（昭26年組）で、銀行局担当審議官で退官した。五十六年八月、中央信託銀行に顧問として迎えられたが、来年には専務取締役に就任するとみられている。駐英公使をしたこともあり、同行の国際金融分野の戦力になることが期待されている。その前には熊谷文雄（昭24年組）、大谷邦夫（昭22年前期組）がいる。熊谷は京都銀行入り、五十四年十二月専務取締役に昇格、大谷は協和銀行入りし、五十五年九月には常務から専務取締役に昇格した。

北海道東北開発公庫は新保実生（昭18年組）が総裁である。新保は北海道開発庁次官の経験者で、苫小牧東部開発会社副社長を経て現公庫の副総裁に就任、谷川宏（昭15年組）の後を襲って五十五年六月総裁に昇格した。谷川の前は吉田信邦（昭12年組）で、現在は日本不動産研究所理事長をしている。理事ポストには阿多忠明（昭25年組）がいる。また監事には中尾博之（昭15年組）がいる。中尾の前の監事は有元三郎（昭24年組）で、現在は情報処理振興事業協会入りをしている。

公営企業金融公庫は自治省が総裁ポストを握り、大蔵省は理事ポストである。現在は系光家（昭25年組）が五十二年に大蔵省を辞めて以来坐っている。前任者は元木文男（昭23年後期組）で、現在はむつ小川原発株式会新社に回った。

中小企業信用保険公庫は青木寅男（昭25年組）が五十四年に理事になった。米州開発銀行理事を三年やって帰国、現職についた。その前は上国料巽（昭23年前期組）・結城義人（昭17年組）がなっていた。結城は辞めたあと五十四年司法試験に合格、二年の司法習修生生活をしたあと弁護士の資格をとり、話題になった。上国料は関東銀行に天下った。

医療金融公庫も理事に山橋敬一郎（昭24年組）がいる。二十四年の後期採用組では東京国税局長にまで栄進した人である。五十三年に退官し医療公庫入りした。前任者は金子知太郎（昭23年前期組）で、検査部長で退官、埼玉銀行に常務として天下った。現在は専務取締役をしている。

環境衛生金融公庫も理事に市川広太郎（昭24年組）がいる。金沢国税局長で退官、海外漁業協力財団専務理事を経て五十二年七月に現職についた。

沖縄振興開発金融公庫には理事長として田辺博通（昭22年前期組）がいる。国税庁長官を五十二年六月に退官、損害保険協会副会長を約二年半つとめ、現職についた。前任者には岩尾一・佐竹浩がいる。岩尾は理財局長で退官、農漁公庫副総裁をしてからこちらに回り、現在は公庫住宅融資保証協会に回った。佐竹は国民金融公庫総裁のあと日本長期信用銀行監査役になったことはふれた。

格が上になる政府系銀行役員

公庫・金庫に比べると「銀行」と名のつく政府関係機関はやや格が上になるようである。日本銀行は株式会社組織の特殊法人で政府関係機関ではないし、総裁は総理大臣が決めるポストであるから別格である。ここの総裁ポストに大蔵省は次官経験者を押しこもうと虎視たんたんと狙っている。これまでのところ大蔵省・民間銀行・日銀プロパーと交互に総裁が誕生している。前川春雄は日銀出身者で副総裁から昇格した。その前は森永貞一郎で大蔵省出身、その前をたどって行くと佐々木直（日銀出身）・宇佐美洵（三菱銀行出身）・山際正道（大14年組、大蔵省出身）・新木栄吉（日銀出身）・一万田尚登（日銀出身）ということになっている。五年後の後継総裁は大蔵省から出したいというのが目下の悲願だが、果してどうなるか。

日本開発銀行・日本輸出入銀行は、設立された当初、総裁は民間人ということだったが、その後なり手がなく、そこで開銀総裁は日銀出身者、副総裁は大蔵省出身者、輸銀総裁は大蔵省出身者、副総裁は日銀出身者ということになっていた。その後この原則は人繰りの関係で狂うこともあるが、いずれにせよ大蔵省にとってはここは次官経験者のためのポストということになっている。また、日銀・開銀・輸銀とも理事ポストを大蔵省出身者のために一つ用意してある。

まず日銀からみて行こう。五十四年十二月に任期（五年）が到来した森永貞一郎は、早くから一期で退任したいと意思を表明していたが、マスコミはなかなか承知せず、留任説を流したりもした。しかし大勢は大蔵省の推す澄田智か前川春雄かというなかで、どちらかといえば新聞は大蔵省の願望に引きずられて澄田説に傾きかけていた。日本経済新聞などは十一月二十七日の朝刊で「日銀総裁に澄田智氏内定、副総裁に中川氏昇格」とブチ上げておきながら、その日の夕刊には「日銀総裁に前川春雄氏昇格、副総裁には澄田氏」という大チョンボをやらかしたものだ。森永は大蔵省の後輩である澄田でなく日銀の前川を大平総理に推薦したことから、日銀総裁人事が決まったものだが、これは大蔵官僚にとっては前例のない屈辱的人事といわれた。しかし、これは新聞の澄田に対するなぐさめの言辞としてならわからなくもないが、大蔵省の大先輩である森永がそういう判断をしたことを〝屈辱的〟といったのでは森永に対して失礼というものであろう。

辞めた森永の経歴はすでにみた通りである。日銀総裁時代は佐々木前総裁時代の暗かった内部の空気を意識的に入れ替えた。任期最後の一年は公定歩合引上げの情勢に転じたが、さしたる抵抗もなく三回の引上げを遂行、その手腕に事務当局は心服した。日銀の中には、「前川の昇格もいいけれど、森永総裁の留任のほうがもっとよかった」という声があるほどであったようだ。大平総理の慰留を振り切ってサッパリと勇退した引き際は鮮やかなものだと賞讃を送る人が多い。

副総裁になった澄田智は、大蔵省では珍しく銀行局長から次官になった人で、三年在任の銀行局長時代に第一と勧銀の大型合併を実現させ、第二次福田蔵相時代の知恵袋となった。次官は二年つとめ、一年少々の浪人をしたあと四十七年十月に日本輸出入銀行総裁になった。五十三年十二月、任期を一年ほど残して輸銀総裁を辞任したが、これは日銀総裁へのウォーミングアップといわれた。森永が東証理事長を辞め一年間浪人したことの故智に倣ったともみられた。しかし澄田本命説は実現せず、副総裁に回った。

大蔵省出身の日銀副総裁には河野通一（昭7年組）の前例がある。大蔵省を退任したあと日本開発銀行理事を約四年、ついで商工組合中央金庫副理事長を六年やったあと国民金融公庫総裁に就任した。四十四年十二月、日銀副総裁の佐々木直が総裁に昇格したため、後釜は大蔵省出身をというバランス人事から、河野がかつぎ出され、「総裁から副総裁に降格？」と皮肉られたが、人柄で嫌な顔もせず就任した。現在、証券取引審議会会長をつとめ、さらに銀行の国債窓販、ディーリング問題検討のための「三人委員会」の一人になっている。参議院議員柿沢弘治（昭33年組）は女婿である。

日銀理事には旦弘昌（昭23年後期組）がいる。関税局総務課長のあと地方回りをやることなく本省の中二階を歩き、五十一年に関税局長、五十二年に国際金融局長をやった。退官とともに日銀入りし、三年になっている。岳父は日銀理事をした江沢省三（大14年組）で、終戦後の渋沢敬三蔵相時代の銀行局長をやり、金融緊急措置を手がけた。

旦の前は田代一正（昭18年組）・柿沼幸一郎（昭16年後期組）・泉美之松（昭14年組）らがいる。田代は防衛庁に出向してから経理局長・官房長・防衛施設庁長官・事務次官をやったことがあり、五十六年に退官、ついで日銀理事になった。現在は日本証券金融株式会社副社長をしている。柿沼は一ツ橋の出身、公正取引委員会に出向して経済部長から事務局長・理事となって退官、日銀理事のあとは山一証券経済研究所顧問になっている。泉は主税畑の出身で主税局長から国税庁長官となり、退官してから日銀入りした。三年後の四十六年九月、日本専売公社副総裁となり、五十年総裁に昇格した。たいへんなヘビースモーカーである。

監事には岩本晋（昭17年組）がいる。昭和十三年の東大卒で、当初は三菱銀行に入ったが、十七年に高文をとり大蔵省に入り直した異色の人。関東財務局長を最後に退官し、北海道東北開発公庫理事・国家公務員共済組合連合会理事長を経て現職についた。

日本開発銀行は最初民間人を総裁にということで富国生命の小林中が初代総裁になったが、

二代目は民間人のなり手がいなく、日銀出身の太田利三郎がなった。副総裁は平田敬一郎（昭6年組）が次官を辞めてただちに就任した。平田はその後総裁になり、副総裁には石原周夫（昭9年組）が次官を辞めて就任し、MOF出身者が二人並んだ。石原が総裁に昇格したあと副総裁は日銀出身の福地豊がなり、その次も日銀出身の渡辺孝友が就任している。一方、石原のあとの総裁は吉岡英一（昭13年組）が中小企業金融公庫総裁から横すべりしてきた。五十四年の異動で副総裁の渡辺孝友が総裁に昇格、副総裁には吉瀬維哉（昭21年組）が次官を辞め一浪のあと就任した。渡辺の総裁就任については、澄田の日銀総裁実現のための譲歩だといわれた。五十六年四月、渡辺は総裁を辞め、吉瀬が総裁に昇格、副総裁には日銀から多島達夫筆頭理事が就任した。渡辺の辞任は病気といわれたが、むしろ日銀のお家の事情によるらしい。というのは東海銀行に行くはずだった多島が駄目になった関係で、開銀副総裁ポストを貰うかわり、総裁ポストを明け渡さざるをえなくなったのではないか、と取り沙汰された。

平田は次官を辞めたあと浪人することなく開銀入りし、副総裁六年、総裁四年と長期不倒記録保持者となった。その後は日本経営情報開発協会理事長、工業再配置・産炭地域振興公団総裁、地域振興整備公団総裁などを歴任、現在は新技術開発事業団の非常勤理事をしている。

石原も次官を辞めて浪人することなく開銀入りし、副総裁四年、総裁八年と、平田以上の権力を振った。その後海外経済協力基金総裁をつとめたが、五十六年一月勇退、日本興業銀行監査役になった。吉岡は開銀総裁を四年で辞め、現在は恩賜財団済生会の理事長におさまっている。このあたりのＭＯＦ出身者は浪人なしに第二の人生を〝優雅〟に過してきたといえるようだ。

開銀理事のＭＯＦ出身者を列挙すると、河野通一・下村治（昭9年組）・賀屋正雄（昭10年組）・大島寛一・松永勇（昭15年組）・大村筆雄（昭16年前期組）・上林英男（昭17年組）・渥美謙二（昭22年後期組）・徳田博美で、五十六年九月、任期をまたずに徳田は商工中金副理事長に転じ、後任として銀行局長で退官した米里恕が就任している。

河野についてはすでにふれた。下村は池田のブレーンとして知られ、五十六年春の高齢者叙勲で勲二等旭日重光章を受けた。通常次官経験者ないしそれに匹敵する功労者に対して、勲一等瑞宝章が授けられ、それ以下の人は勲二等瑞宝章というのが通り相場となっている。それが下村の場合は勲二等旭日重光章と瑞宝章より一つ格が上になっている。これは池田の高度成長政策への貢献が高く評価されたということだ。

大蔵省を退官したあとは国民金融公庫理事を経て開銀理事となり、ついで設備投資研究所所長となったが、四十九年十月に辞め、現在は下村事務所を設立、下村を支援する企業グループが資金を醸出して研究会の運営を支えている。

賀屋は賀屋興宣（大6年組）の女婿。為替局長を最後に開銀入りしたが、その後は日銀理事・商工中金副理事長を経て山一証券投資信託委託会社社長となり、現在は同社の監査役をしている。大島寛一は財務参事官が最後のポストで三十七年に退官、ただちに開銀入りした。その後は日銀理事・農林中金副理事長を経て新日鉄監査役をしていることはすでにふれた。松永は国有財産局長を最後に開銀入りしたものだが、その後は全国地方銀行協会専務理事となり、四十八年に京都銀行副頭取になった。現在は副会長を経て相談役におりている。

大村は国有財産局長から開銀入りし、ついで日本住宅公団副総裁となり、五十年十一月に会計検査院検査官となった。五十五年十一月、会計検査院長になり、白石正雄（昭13年組）と同様のコースを歩いている。上林は関税局長を最後に退官、日本道路公団理事を経て開銀入りをした。その後は日本住宅公団副総裁となり、ついで五十四年に設立された（株）協同住宅ローンの社長に迎えられた。渥美は、造幣局長を最後に退官、開銀入りしたが、五十四年に日本キャッシュ・サービス株式会社の社長に就任した。

徳田は三年がかりの仕事として銀行法改正のため五十二年に銀行局長に就任したが、金融制度調査会答申を手がけただけで、銀行法改正案の国会提出にまで至らず五十四年に辞めた。開銀理事を二年で辞めたのは本人にとっては不本意であったようだ。

米里は徳田の後任の銀行局長で、二年の在任期間で銀行法改正案を成立させた。銀行と証券の利害が衝突する国債窓販問題で、銀行に不利な案を押しつけたとする銀行側が当局にクレームをつけたため事態が紛糾、米里は大変に苦労したが、なんとか改正銀行法を成立させた。また相互銀行の商号問題については、業界側を説得、金融制度調査会では商号問題を撤回させることでケリをつけさせた。この六月の異動で大蔵省を辞め、ここでも徳田のあとのポストにおさまった。

日本輸出入銀行は、山際正道が戦後パージを解除されて、前身である日本輸出銀行の専務理事に就任、ついで二十七年に日本輸出入銀行と改称してからは副総裁となった。その後河上弘一総裁の後を襲って総裁に就任、一年で辞めた。山際のあとは日銀出身の古沢潤一が六年総裁をつとめ、ついで森永貞一郎が中小企業金融公庫総裁から転出してきた。森永は石田正（昭8年組）に席を譲って東京証券取引所理事長となる。石田のあとは年次が大幅に飛んで澄田智が大蔵次官を辞めて一浪のあと総裁になった。ここのポストは、中小公庫・国民公庫の総裁をやった元次官が就任する格付けの高いポストだが、澄田はストレートに就任するという異例の人事であった。六年間総裁をつとめ任期途中の五十三年十二月に辞めた。これは次期日銀総裁候補として遊ばせておいたほうがいいという配慮であったといわれたが、一方、竹内道雄が五十二年に退官してすでに二浪しており、澄田の後釜にという事情もあった。

副総裁には山際のあと大蔵省出身では舟山正吉（昭3年組）がなっているが、その後は藤沢徳三郎・前川春雄（現日銀総裁）・中村進と日銀出身者が続いている。

理事には先ごろまで藤岡真佐夫（昭22年後期組）がなっていたが、アジア開発銀行の第四代総裁に立候補するため理事から顧問に退き、後任には造幣局長の伊予田敏雄（昭26年組）が就任した。藤岡は八月十八日に正式にアジア開銀総裁に選出され、十一月二十三日にマニラに赴任した。藤岡は国際金融局長からの輸銀入りで、現役時代は総務課長を経験していない数少ない局長就任者の一人である。アジア開銀総務部長時代に初代総裁の渡辺武（昭5年組）を補佐し、渡辺に評価された。四十八年六月に国金局担当審議官から国金局次長に昇格、四十九年の国際収支赤字と外貨資金繰り悪化に対処するため急遽サウジアラビアに飛び、一〇億ドルの借款に成功し、翌年国際金融局長になった。伊予田は高木主税局長のとき税制一課長、中橋局長のとき総務課長をつとめ、五十三年には主税局担当審議官となり、将来の主税局長候補とも目されていたが、国税庁次長に回り、五十五年に造幣局長となった。一年で辞め、輸銀入りした。

ＭＯＦ出身の輸銀理事には、東条猛猪（昭7年組）・酒井俊彦（昭9年組）・山本菊一郎（昭10年組）・谷川宏・奥村輝之（昭17年組）・林大造（昭19年組）らがいる。東条は銀行局長を辞めて入り、二年後の三十四年、北海道拓殖銀行副頭取として天下った。三十七年頭取となり、現在は会長である。酒井は為替局長から入ってきた。一年後に国民公庫副総裁となり、ついで北海道東北開発公庫総裁となったが、四十四年に亡くなった。山本は日銀政策委員をやめてなった。理事在任は六年、ついで日本コカコーラボトラーズ協会理事長のあと五十二年一月に日銀監事、現在はドレスナー銀行の顧問をしている。谷川宏は関税局長から輸銀入りした。三年少しつとめて石油開発公団副総裁となり、ついで北海道東北開発公庫総裁となった。五十六年に退任し、現在は独協学園理事をしている。奥村は国際金融局長から入った。二年後の四十七年十一月、神戸銀行常務取締役として天下った。太陽銀行（旧日本相互銀行）と合併して太陽神戸銀行常務となり、現在副頭取である。塩谷忠男（昭16年前期組）のあとの頭取となることが約束されている。

林大造は国際金融局長を最後に四十八年OBとなり、輸銀入りした。現役時代はニクソン・ショック前後の頃、民間のクローリング・ペッグなどの案が出たが固定相場堅持を表明していた。大蔵省を辞めてから、四十九年六月に「〝アルファー（円切上げ）作業〟始末記」（週刊『金融財政事情』昭和四十九年六月二十四日号および七月一日号）を執筆、さらに五十二年には「〝円切上げ（アルファー）作業〟の挫折からフロートまで」（同誌、昭和五十二年一月三十一日、二月七日・十四日・二十一日、三月七日号）を執筆、固定相場制堅持の政府部内にも〝円切上げ論者〟がおり、実は自分がその推進論者であったことを回想している。それによると、林が官房担当審議官時代（昭和四十三年六月～四十五年六月）に、上司である官房長近藤道生（昭17年組）の了承を得てから極秘の円切上げ作業グループをつくり、その手順を踏んだ（四十四年十一月

〜十二月)。ところが第三次佐藤内閣が誕生したとき、前の年からくすぶっていた佐藤総理の引退か四選かで自民党内は沸騰し、佐藤総理の禅譲を期待していた福田蔵相との間も微妙なものになってしまったことから、

「円切上げという大事業を総理と大蔵大臣と大蔵省事務当局とを一本の軸として進めるための条件は、私の目にも、まったく欠如したと映った。……円切上げの積極的推進論者は私一人だけだったのだから、私が動かない以上、アルファー作業は自然終了の運命にあったわけである」(前掲誌)

今まで新聞にはその臭いすらかがれず、したがってそのまま埋れてしまうところを、林が円切上げ論は大蔵省内にもあって、なにを隠そう、この自分が推進論者であった、というのだから、これは物議をかもす。

さらに四十六年のニクソン・ショック時には国際金融局次長になっており、東京為替市場を閉鎖すべきか否かを検討するための緊急の会議を八月十六日に開き、

「十七日だけ市場を開き、夕刻、ふたたび会議を開いて十八日(水)以降の市場の閉鎖を決めるべきことを提案し、これが会議の結論となった。ところが、翌十七日(火)の昼間、わたしが知らない間に大蔵省、日銀の最高幹部の会議が開かれ、そのまま断固市場を開き続けるべきだとの最高方針が決まってしまったのであった。わたしは、後から、それを聞かされただけで

あった」（前掲誌）

こういった林の心のなかのシコリがときほぐされずに残ったため、こういった回顧録を残す気になったのであろうが、これは大蔵省の現役幹部やOBなどから風当りが強かった。それが祟った（？）のではないかといわれるが、四年後に輸銀理事から付属機関の海外投資研究所長に回される。林は五十四年十一月、肝不全のため五十七歳で亡くなった。今にして思うと、貴重なメモワールを残してくれたといえる。

公団・事業団は民間天下り予備軍

公団・事業団でMOF出身者が役員をしているところをみてみよう。ここには理事だけのところと理事・副総裁のところ、副理事長だけのところとまちまちである。

まず日本住宅公団には副総裁として上林英男がいたが、五十四年七月、協同住宅ローンの設立に伴い社長として迎えられた。現在副総裁はMOFポストではなくなった。日本住宅公団は五十六年十月、宅地開発公団と統合して新たに住宅・都市整備公団となった関係で、理事には星野孝俊（昭24年組）と後藤士男（昭23年前期組）の二人がいる。星野は横浜税関長を最後に五十四六月退官、公団入りした。星野の前の理事は大田満男で、東大出身が多い大蔵省の中で珍しく神戸商大の出身、五十一年六月に住宅金融公庫副総裁になったが、五十四年十二月に辞め、現在は国家公務員共済組合連合会理事長をしている。

石油公団には副総裁に亘理彰（昭22年後期組）がいる。内閣審議室長から防衛庁経理局長となり、ついで官房長・防衛施設庁長官からついに次官となった。五十五年の異動で退官、宮崎副総裁の後を襲った。前任者の宮崎仁（昭22年入省）は東大工学部の出身で、予算査定には技術的知識をもった者も必要だということで採用され、主計畑を主に歩いてきた。経済企画庁に出向し、総合開発局長・国民生活局長・総合計画局長を経て次官となった。五十一年に次官を辞め、国鉄総裁の高木文雄（昭18年組）に引っぱられて日本国有鉄道監査委員会委員になり、五十二年に公団入りしたが、亘理に席を譲り、現在はアラビア石油副社長をしている。理事には松本健幹（昭24年組）もおり、印刷局長を辞めて入った。前の理事は守屋九二夫（昭22年後期組）で、現在は日本証券業協会専務理事となっている。

副理事長のところとして農用地開発公団があり、ここには戸塚岩夫（昭24年組）が就任している。戸塚は主計畑で育ち、主計局総務課長になり、ついで理財局次長を経て関税局長になった。日米経済戦争といわれた貿易摩擦に手腕を発揮した。戸塚の前任者は吉田富士雄（昭22

年前期組）で、この人も関税局長を退官して入った。国際金融局外資課長のあとOECD日本代表部参事官として三年半近くパリに駐在したことがある。現在はサントリーの専務取締役をしている。吉田の前は宇佐美勝で、ここから農林中金専務理事になった。

総裁がいるところでは海外経済協力基金で細見卓（昭17年組）がいる。細見は柏木雄介（昭16年前期組）のあとの財務官で、スミソニアン合意のあと四十八年三月に再び大幅な平価調整と通貨フロートの時代に移行する重要な時期の通貨外交を取りしきった。財務官のあと顧問となり、ついで日本興業銀行顧問になっていたが、五十六年一月、健康を害して任期前に退任した石原周夫のあとの総裁に就任した。またここには理事で宮崎知雄（昭25年組）がいる。国際金融局長をして入った。田中豊元次官の女婿、大倉真隆とは義兄弟になる。

地域振興整備公団には中橋敬次郎（昭21年組）が副総裁でいる。主税畑を歩き、官房長を経て主税局長となり国税庁長官のあと、橋口収（昭18年組）のあとの大蔵省出身国土庁次官となった。一年で退官、五十二年に国鉄監査委員会委員となり、五十四年八月三橋信一副総裁の後任に起用された。細見とならんで大蔵省主税局OBの会のまとめ役として人柄が買われている。ここの理事にはMOF出身者として矢島錦一郎（昭28年旧制組）と丸山英人（昭22年後期組）の二人がいる。丸山は四十九年八月の就任、矢島は五十五年九月の就任である。

カラ出張で問題になった日本鉄建公団には森谷要（昭23年前期組）が理事をしていたが引責

辞職、後任には片山充（昭25年組）が日本道路公団理事から転出した。空席となったあとには米山武政（昭25年組）が関税局長を辞めて就任（五十五年）した。片山は東京税関長から印刷局長をして五十三年五月ＯＢとなり道路公団入りした。米山は国税庁次長から関税局長となった人。米山の前は日銀政策委員で辞めた田中啓二郎（昭22年後期組）で、現在は住友クレジット・サービスの会長をしている。新東京国際空港公団には藤沢正（昭29年組）が理事をしている。北海道財務局長から横浜税関長となって五十六年六月に大蔵省を辞め、こちらに回った。前任の井辻憲一（昭23年前期組）は国税庁調査査察部長を四十九年七月に辞めて公団入りし七年間つとめた。

本州四国連絡橋公団には浅谷輝雄（昭26年組）が理事をしている。浅谷は東大理学部数学科の出身で当初は生命保険協会に入ったが公務員試験を受けて大蔵省に来た変り種である。保険一課長をしたあと大阪税関長・銀行局検査部長を経て印刷局長となり、五十四年にＯＢとなって、公団入りした。水資源開発公団には杉山克己（昭24年組）が副総裁、島崎晴夫（昭29年組）が理事をしている。杉山は三十八年に農林省に出向、その後は農林省が離さなくなった。文書課長・食糧庁総務部長・食品流通局長・畜産局長・構造改善局長の要職をつとめ五十六年七月退官、九月一日付で小林誠一副総裁の後任に起用された。農林水産省人事ではあるが、大蔵省にこれまでずっと籍があった人である。島崎は理財局国有財産総括課長をしたあと国土庁地方振興局審議官をして五十六年六月ＯＢとなり、公団入りした。島崎の前は前田文雄（昭23年後期組）で、印刷局総務部長を経て税務大学校長となり、四十八年にＯＢとなり公団入りした。

首都高速道路公団には津吉伊定（昭22年後期組）・満所清吾（昭24年組）が理事をしていたが、津吉は五十六年六月に、満所は五十五年七月にそれぞれ辞めており、現在ＭＯＦ・ＯＢはいない。

事業団では、中小企業退職金共済事業団に寺岡雅之（昭25年組）、雇用促進事業団には森田広住（昭24年組）、畜産振興事業団に島元広海（昭27年組）、年金福祉事業団に山田幹人（昭27年組、五十六年に全国信用金庫協会入りした）、国際協力事業団に瀬川治久（昭25年組）、大槻章雄（昭26年組）、金属鉱業事業団に西野襄一（昭28年旧制組）、動力炉・核燃料開発事業団に迫田泰章（昭28年旧制組）、公害防止事業団に村上哲朗（昭28年新制組）、宇宙開発事業団に合田昌文（昭23年後期組）、日本下水道事業団に高木寿夫（昭28年旧制組）、中小企業経営者災害事業団に山本靖（昭17年組）らがおり、いずれも民間天下り予備軍を形成している。

そのほか、基金・機構・財団・研究所と名のつく特殊法人がかなりたくさんあり、そこにもＭＯＦ・ＯＢが役員をしている。これらの人々の名前をあげておこう。

農業者年金基金　　吉川昌二（昭20年組）

特定不況産業信用基金　竹内勉（昭20年組）
大阪国際空港周辺整備機構　池口金太郎（昭27年組）
中央漁業信用基金　岡田愛巳（ノンキャリ組）
帝都高速度交通営団　金光邦夫（昭23年後期組）
国際交流基金　田中哲男（昭28年新制組）
日本私学振興財団　早田肇（昭24年組）
日本原子力研究所　村山進（昭28年旧制組）

金融・保険関係団体への天下り

大蔵省の行政指導を受ける業界にダイレクトに天下るだけでなく、それら業界の団体にMOF・OBを送り込むケースもかなり多い。それらの団体のうち金融・証券・保険・専売・関税などの関係団体についてみよう。

全国銀行協会連合会は銀行の業界団体だが、伝統的に民間の自主機関としてMOF・OBを受け入れていない。大蔵省としてはなんとか押し込みたいと思っているようだが、ガードは意外と固い。ひところ水田直昌（大10年組）が専務理事をしていたことがあったが、これはMOF出身ということではなく、酒井杏之助（元第一銀行頭取）が全銀協会長時代に、岸喜二雄（大10年組、日銀政策委員）・佐藤喜一郎（元三井銀行社長）・堀田庄三（元住友銀行頭取）らの了解を得て就任したもので、まったく個人的事情による。だから水田の後はMOF出身者がいない。

そこへいくと全国地方銀行協会以下の団体はMOF・OBが天下っている。まず全国地方銀行協会には瀬戸山孝一（昭18年組）が副会長兼専務理事をしている。大蔵省は印刷局長が最後で、首都高速道路公団理事を経て、四十八年五月に就任した。前任者は京都銀行に天下った松永勇で、その前は吉橋鐸美（昭7年組）であった。吉橋は四十三年十月に名古屋証券取引所理事長となり、五十六年に勇退した。

全国相互銀行協会は中西清（昭22年後期組）が副会長兼専務理事をしている。現会長は福岡相互銀行社長の四島司がなったが、その前の前は業界の名物男早坂順一郎（前徳陽相互銀行社長）が会長をしており、当時の銀行局長徳田博美にかみついて相互銀行問題を金融制度調査会の議題にさせ、調査会委員が全員疑問視している「相互」の商号返上論をブッなどしたので、まとめ役の中西は大変苦労した。その後は温厚な長谷川寛雄（兵庫相互銀行社長）が会長となり、事態を収拾、商号問題は取り下げたので、調査会答申にはこの問題は触れないことになった。その間に、大光相互から徳陽相互、そして平和相互と、次々に問題相銀が新聞沙汰になるし、関西相互と住友との合併問題が白紙還元になるなど、問題があとからあとへと続出するので、中西としては体の休まる間もない思いをしている。中西の前は佐々木達夫（昭17年組）で、防衛庁経理局長から四十四年に天下ったが、四十八年に亡くなった。わずか三年半の勤務であった。前の前は藤本哲（昭3年組）が三十一年に東北財務局長から協会常務となり、三十九年から四十三年まで専務理事であった。

信託協会には本間英郎（昭20年組）が専務理事をしている。福岡国税局長のあと中二階は理財局次長となって退官、四十五年六月に協会入りした。またここには常務理事として四十九年八月に小林桂吉（昭19年東大卒、昭22年入省）が入っている。

全国信用金庫協会には山田幹人がいる。五十七年の大会もしくは総会で正式の役員になるが、現在は嘱託の肩書でいる。五十三年の定期異動で東証監理官兼証券局担当審議官を最後に辞め、年金福祉事業団理事をしていた。五十六年五月の大会で専務理事を退任した山本靖の後釜として選ばれた。山本は関東財務局長を最後に退官、長野県下の二信用組合が合併、異種転換してできた長野相互銀行に四十六年五月、社長として迎えられた。しかし、会長と折が合わず一期で退任している。その後四十八年十二月に協会常務理事に、五十年に専務理事になった。なおここにはMOF出身で伊藤正美（ノンキャリア組）が常務理事をしていたが、五十四年六月、亡くなった。

全国信用金庫連合会には専務理事に鈴木吉之（昭22年組、上海東亜同文書院大学卒）がいる。四国財務局長を最後に退官、常務理事として天下った。鈴木の前には江口穰（昭8年入省）がおり、東海財務局長を最後に退官、四十五年五月に常務理事となり、四十六年に専務理事となったが、五十年に亡くなっている。

全国信用組合中央協会には上田幸雄（昭18年東大卒、昭21年組）が専務理事をしている。戦争のため大学の繰上げ卒業で海軍主計科見習尉官となり、終戦時は主計大尉であった。戦後大蔵省に入り、北海道開発局長官房長を最後に退官、全信組協へは五十二年六月から入っている。また全国信用協同組合連合会には井上肇（ノンキャリア組）が常務理事をしている。宮崎英和（昭25年組）は二十年の海軍経理学校卒業で、銀行局検査畑に長く、五十五年に北陸財務局長をして退官、五十六年五月に専務理事になった。

金融機関関係の団体としては、以上のほかに全国労働金庫協会・労働金庫連合会がある。ここには古いMOF・OBの今井一男（昭2年組）が両方の理事長として五十五年まで現役をつとめた。給与局長で退官し、国家公務員共済組合の理事長などをつとめた。『官僚――その生態と内幕』（読売新聞社、昭和二十八年）を書いて物議をかもした。また五十一年には全国の労働金庫を一本化する運動を起こし、監督官庁の大蔵省と対立したこともある。

預金保険機構は昭和四十六年に預金保険法にもとづき設立された特別法人で、理事長には日銀副総裁がなることになっている。理事は当初日銀出身の井倉和也が就任、ついで塚本相次良がなったあと大蔵省の佐藤健司（昭19年組）がなったが、任期三年をまたずに辞め、久光重平（昭22年後期組）が五十三年六月に就任した。久光は札幌国税局長から国税徴収部長となり造幣局長となって退官、四十八年から五十三年まで電源開発会社理事をしていた。五十六年六月に退任し、後任は日銀監事だった駒月勇が就任している。久光は国立国会図書館に転じた。

保険関係の団体としては生命保険協会と日本損害保険協会の二つがあり、両方ともMOF・OBが入っている。生命保険協会には専務理事として中大路義方（昭28年旧制組）がいる。大阪税関長から中二階に戻ったときは東証監理官兼証券局担当審議官であったが、五十年の異動で退官、協会入りした。前任は御代田市郎（昭17年組）で、駐英大使館参事官、公使として三年間イギリスに滞在、退官後は群馬銀行常務として迎えられ、専務取締役まで進んで退任、生保協会入りは五十年六月からであった。いまはアメリカン・ライフ・インシュアランス・カンパニー（通称アリコ）に迎えられた。御代田の前は古川汎慶（昭15年組）で、日銀政策委員を最後に退官、生保協会専務理事として迎えられ、五十年には副会長になった。五十一年に生命保険文化センターが設立されると同時に初代理事長に就任、五十六年七月末に任期満了で退任、現在は非常勤顧問となっている。後任には村田博（昭20年組）が就任している。村田は関東財務局長から国税庁次長となり四十七年に退官、その後はずっと国際交流基金常務理事をしていた。一時は大手スーパーのイトーヨーカ堂入りが伝えられていた。

日本損害保険協会には副会長として磯辺律男（昭23年前期組）がいる。国税庁次長時代に〝田中金脈問題〟を手がけ、ついで東京国税局長時代に〝ロッキード事件〟にぶつかり、国税庁長官時代は〝日商グラマン、ダグラス事件〟も直面、そのつど手際よく処理した手腕が買われ、普通は一〜二年の長官任期だが、異例の三年長官をつとめ上げた。磯辺は国税庁長官とその前のポストが東京国税局長であったから、人事院規則によって五年間は「営利企業」への就職が禁止される。かつて長官をやった安川七郎（昭20年組）は金に不自由しなかったからよかったものの、そうでなかったら二年間で退職金を使い果たしてしまう。これでは気の毒だというので、次の田辺博通が長官をやめたときは、日本損害保険協会副会長のポストが用意された。その田辺が沖縄振興開発金融公庫理事長におさまったので、磯辺はその後釜に回った。当分はここに坐って、次のポストをまつことになる。

保険関係の団体にはこのほか、損害保険料率算定会・自動車保険料率算定会・日本船舶保険連盟などがある。前者には常務理事として山崎健次郎（昭25年組）がいる。金沢国税局長を最後に退官、福島交通の専務取締役をしていたが、五十三年に算定会入りした。自動車のほうは草島清（昭25年組）が専務理事をしている。造幣局東京支局長から官房参事官兼審議官で退官、四十九年に算定会入りした。連盟には長崎正造が会長をしている。もともとは東京海上の人だったが、保険行政にたずさわるために東京海上を休職して戦時中に大蔵省入りし、二十二年から二十七年はじめまでは保険課長をした。その後東京海上に復帰、副社長にまで進み、五十年六月に連盟の会長に就任した。

証券関係団体・取引所への天下り

証券界にもいろいろの団体があり、MOF・OBがたくさんいる。まず日本証券業協会には副会長に高柳忠夫（昭17年組）、常務理事には守屋九二夫・長谷場義久（昭22年、九州大学卒）の二人がいる。高柳は国税庁次長を退官、資本市場振興財団顧問を二年ほどしてから日本証券業協会連合会常務理事となり、四十八年に改組した日本証券業協会専務理事に、五十二年十二月に副会長に就任した。守屋は東京国税局長をやって官房参事官、官房審議官で退官、石油開発公団理事をしてから協会入りした。長谷場は証券畑に長く、二十九年のMOF在職歴のうち二十七年は証券局とその前身である証券取引委員会にいたいわば主的存在である。五十年に造幣局総務部長をして組合問題を担当、五十一年に四国財務局長をして退官、協会入りをした。大阪探題の役をしている。

証券投資信託協会には荒巻与四郎（昭22年後期組）が専務理事をしている。証券局総務課長をやったが神戸税関長までで四十六年に退官、国際観光振興会理事・日本証券経済研究所常務理事を経て、五十年八月に協会入りをした。ここには渡辺逸亀（昭8年組）が顧問をしている。渡辺は現役時代はあまり証券に関係のあるポストにはいなかったが、三十一年に造幣局長を最後に退めてからは、公社債引受協会専務理事・証券投資信託協会専務理事・東京証券取引所専務理事・証券投資信託協会会長と約二十年近く証券関係団体役員をしてきた。

公社債引受協会には西村正義（ノンキャリア組）が常務理事兼事務局長をしている。証券畑に長く、証券局業務課長補佐で辞めて協会入りした。

日本証券経済研究所には理事長として荒井勇がいる。法制局が長かったので大蔵省出身と気づかない人が多いかもしれない。中小企業金融公庫副総裁をやり、五十三年九月に退任、研究所入りした。前任の吉田晴二（昭5年組）は証券局の前身である証券取引委員会事務局長をしたことがある。印刷局長で退官したあと公正取引委員会委員・東京証券取引所専務理事をした。現在は同研究所顧問をしている。また研究所常務理事に小田寛（昭11年組、昭18年中央大学卒）がいる。証券畑を中心に歩き、北陸財務局長を最後に退官、常任監事をしてから、五十年に研究所入りした。また同研究所顧問として安井誠（昭23年前期組）がいる。安井の現役時代についてはふれたが、証券局長を最後に五十三年に退官、安田火災海上保険の三好武夫社長（現会長）が三顧の礼をもって迎え入れた。将来の社長含みで、二年間は安田火災記念財団の副理事長として時間稼ぎをしたあと、安田火災海上の副社長に就任したが、このころから様子がおかしくなり、副会長にまつり上げられ、その四ヵ月後にお役ご免になってしまった。どうやら社内生え抜きの役員連中から〝社風に合わない〟といって足を引っ張られたということらしい。

昭和四十年の〝証券恐慌〟では山一証券・大井証券に対する日銀特融・証券保有組合・日本共同証券による過剰株式の吸収によって救済され、その後の市況回復と業績好転で息を吹き返したわけだが、証券保有組合・日本共同証券は資本市場振興財団・日本共同証券財団にそれぞれ改組している。そして資本市場振興財団理事長に山田義見（大12年組）がいる。山田は元次官の大物だが、幸運の椅子を拾った経緯についてはすでにふれた。日本共同証券財団には常務理事として篠川（ささがわ）正次（昭11年組）がいる。国税庁次長で退官、日本証券金融株式会社常務を経て専務となったが、四十六年に財団入りした。

また証券関係各団体が入居している茅場町の証券会館を管理している（株）東京証券会館の社長に中西泰男（昭12年組）がいる。高柳と同じように国税庁次長で退官し、東京証券取引所専務理事・副理事長をつとめて辞めた。

証券取引所は東京・大阪・名古屋ともＭＯＦ・ＯＢが理事長をしている。東京は谷村裕で、次官経験者であることはすでにふれた。証券取引審議会の委員をしており、国債の銀行窓口販売（いわゆる窓販）問題については「谷村メモ」を出して大蔵省の後輩たちを苦しめた。『大蔵省の便所』（日本経済新聞社、昭和四十五年）、『大蔵省の隠語』（同、昭和四十九年）、『ずいひつ兜町の氏神様』（同、昭和五十五年）と軽妙な筆致で書く随筆が有名である。五十三年には東京証券取引所が明治十一年に創設されて百年になるので証券百年の式典を主催者として挙行した。五十五年四月にフランス政府からレジオン・ド・ヌール勲章が贈られた。一九七八年にフランスで成立した株式投資の税負担軽減などを骨子とする、いわゆるモノリー法をわが国にはじめて紹介、日仏関係の発展に尽したことが理由となっている。そして日本にもインピュテーション方式の採用を主唱し、五十六年の証券大会ではこれが正式に要望事項としてとりあげられた。常務理事には岩田善雄（昭23年後期組）がいる。ガリオア留学をし、三十二年から三年少しばかり国際連合の職員をしたことがある。関税局国際課長から門司税関長で退官、四十五年に東証入りし、渉外部長・調査部長を経て、五十二年に常務となった。

大阪証券取引所は松井直行（昭15年組）が理事長をしている。京都大学の出身、三十年から証券行政にたずさわり、三十九年に理財局から独立して証券局ができたとき、初代の証券局長となった。四十年不況のときは文字通り寝食を忘れて奔走した。四十一年に退官、日本債券信用銀行の前身である日本不動産銀行に常務取締役として迎えられ、四十八年に副頭取に就任するが、五十一年に辞めた。頭取にさせられないと知って嫌気を起こしたといわれた。その年の十二月、大阪証券取引所の会員総会で理事長に就任した。

ここには専務理事の宮内通雄（昭19年組）が四十八年からいる。神戸商業大学の出身、国税畑を歩き最後のポストは調査査察部長であった。水資源開発公団理事を経て現職についた。また五十三年十月に柴田耕一（昭26年組）が常務理事になったが、五十四年九月に亡くなった。五十二歳。柴田の後に友近陽一郎（昭29年組）が入った。現役時代はついに本省の課長をやらず、印刷局総務部長を経て金沢国税局長で退官した。

名古屋証券取引所は吉橋鐸美が理事長をしていたことはすでにふれた。関西大学の出身、専売局を中心に歩いていた。東海財務局長・近畿財務局長をやって二十八年に退官している。五十六年十一月に理事長を勇退し、後任には公正取引委員会委員をしていた熊田淳一郎（昭22年前期組）が就任した。以前東海財務局長をした経験が買われた。常務理事は河合一郎（昭28年旧制組）で五十四年に四国財務局長を退官し、取引所入りした。

税・関税・専売関係団体にも天下り

税金・関税・専売に関連した団体もけっこうたくさんある。まず酒税にからんで酒の製造・販売の元締めをしている、日本酒造組合中央会・全国卸売酒販組合中央会がある。前者には佐藤健司が専務理事をしている。預金保険機構理事をしていたが、五十三年にこちらに転じた。ここには理事として上田治三郎（昭26年、東大卒）がおり、五十一年に入っている。後者には佐藤東男（昭23年九大卒、25年入省）が専務理事をしている。五十三年に金沢国税局長を退任した。また酒については日本蒸留酒酒造組合・日本洋酒酒造組合がある。前者には会長として松隈秀雄がいたが、五十六年に引退、現在は専務理事として星川辰治（昭18年中央大卒）がいる。もっぱら国税畑を歩き、四十七年に退官した。後者には菅原茂美（昭22年京大卒）が専務理事をしている。やはり国税畑を歩き、四十九年に退官した。

酒の販売会社としては日本酒類販売株式社・北海道酒類販売株式会社があって、前者には江守堅太郎（昭14年組）が社長をし、後者には玉置博（昭26年組）が副社長をしている。江守は三十六年に内閣審議室長をし、三十八年に管財局長、三十九年に国有財産局長をやって四十年に退官、ただちに副社長として入社、四十四年に社長に就任した。玉置は五十一年に北海道財務局長になり、一年後に退官、ただちに副社長として入社した。

日本洋酒輸入協会には野田博人（昭16年東北大卒、昭22年入省）がいる。四十六年に現役を辞めて全国卸売酒販組合中央会専務理事をしていたが、佐藤東男に椅子を譲った。

洋酒に関係ありとすれば、サントリーにもMOF・OBがいる。原三郎（昭10年組）が副社長、吉田富士雄が専務取締役でいる。原は三十六年に印刷局長を最後に退官、サントリーは専務で入社した。一方、吉田は五十年に関税局長で退官、三年ほど農用地開発公団副理事長をしたあと、五十三年に専務取締役として迎えられた。

関税にかかわりのある団体としては、日本関税協会・航空貨物通関情報処理センターなどがある。前者には秦朗（昭25年入省）が専務理事をしており、後者では理事長が戸田嘉徳（昭23年後期組）、理事に白崎岩雄（昭25年、京大卒）がいる。秦は東大文学部卒の変り種、関税畑に長く、五十二年に函館税関長を最後に辞め、ただちに協会入りした。戸田は子爵の家柄の出、現役の若いころ二年半の病気が痛かった。関税局と銀行局の担当審議官をやったあと日銀政策委員となり、ついで公正取引委員会事務局長をやって退官、センター入りした。前任者は後藤達太（昭22年後期組）で、関税局長・銀行局長をやって退官、初代のセンター理事長になった。現在は日本航空の常務取締役をしている。

日本航空は政府出資をしている関係で、役員ポストを大蔵省が確保している。後藤の前は稲益繁（昭12年組）で、理財局長を辞めて日航入りし、常務取締役から専務取締役になり、現在は日本航空開発株式会社に転じた。また日本航空の関連会社である日本航空ホテルに湯地謹爾郎（昭3年組）が相談役をしている。もともとは東京財務局長・証券取引委員会事務局長・公正取引委員会委員をしたあと日本航空の常務となり、ついで日航ホテルに転じて社長にまでなった。現在は取締役相談役で悠々自適の身である。

このほか空港の関連施設会社があって、ここにもMOF・OBがいる。専売関係ではたばこ・塩・フィルターなどの関連会社、団体がある。ここでは（財）たばこ総合研究センター・日本フィルター工業会の二つをあげておく。前者には古木隆蔵（昭3年組）が監事をしており、後者には磯野正俊（昭6年組）が会長をしている。古木は昭和八年に星野直樹（大6年組）に続いて満洲国に渡り十七年まで満洲国官吏をしていた。戦後は銀行局監査課長をし、造幣局長を最後に辞めた。磯野は専売畑で過した人で専売公社を辞めたあと日本フィルター工業（株）の社長をつとめた。

七章　狭くなった金融界への天下りルート

人事院報告書にみる天下り先

人事院は毎年国会と政府に対し「営利企業への就職の承認に関する年次報告書」を出している。これは国家公務員が営利企業に就職する場合は「離職後二年間は、営利企業の地位で、その離職前五年間に在職していた人事院規則で定める国の機関と密接な関係あるものにつくことを承認し又はついてはならない」（国家公務法第一〇三条）とされ、「所轄庁の長の申し出により人事院の承認を得た場合は、これを適用しない」（同条第三項）建前になっていることから、この承認した結果を毎年報告しているわけである。

人事院の年次報告書をみると、最近数年の一年間の承認件数は二〇〇件前後であるが、そのうち大蔵省は五十二年が四九件、五十三年が四六件、五十四年が四七件、五十五年は四六件となって、他の省庁に比べると民間への再就職機会はかなり高い。このなかで金融機関に入った人は、五十二年が二二人、五十三年は一五人、五十四年は二〇人、五十五年は二七人となっている。その大半は信用金庫で、なかには相互銀行に入る人もいるが、その数は毎年二～三人、多い年で四～五人という程度である。四十三年以降の金融機関への再就職状態をみると次表のようになっている。

まず都銀・信託であるが、四人ともキャリア組である。四十三年は堀込聡夫（昭17年組）が埼玉銀行に天下った。国際金融局担当審議官から理財局次長となり、四十三年に退官、埼玉銀行へは常務取締役として入った。四十九年十一月に専務取締役となったが、五十三年三月、不二サッシ工業の再建のため社長として派遣された。

	都銀信託	地方銀行	相互銀行	信用金庫	計
43年	1	3	2	6	12
44	—	1	1	6	8
45	—	1	3	12	16
46	—	1	5	12	18
47	—	1	3	12	16
48	1	1	—	11	13
49	—	1	2	17	20
50	—	2	1	13	16
51	1	1	4	12	18
52	—	2	4	16	22
53	—	1	1	13	15
54	—	—	3	17	20
55	1	—	8*	18	27

（注）　＊印のうち１名は金融機関周辺業務への就職

四十八年は柏木雄介（昭16年前期組）が東京銀行へ天下った。大蔵省では国際金融局長・財務官をやり、四十六年暮のスミソニアンにおける平価調整では大蔵省顧問として通貨外交を取りしきった。東銀へは副頭取として迎えられ、五十二年六月、横山宗一のあとの頭取となった。外国為替専門銀行としての東京銀行は、大蔵省にピッタリつかざるをえない宿命にあり、海外にその名を売ることが商売となれば、欧米金融界に広くその令名がとどろいている柏木がいるということは、東銀にとって一挙両得というものであろう。柏木は旧横浜正金銀行時代に続き親子で同じ銀行に勤めることになる。

五十一年の天下りは川口嘉一（昭22年前期組）の北海道拓殖銀行入りである。銀行局には保険部長として籍を置き、その後三年間IMF理事としてワシントンにおり、戻ってからは官房審議官となったが、すぐ大蔵省を辞めて拓銀入りした。東条猛猪（昭7年組）頭取の後継含みかとみられたが、プロパーの五味彰が頭取となり、川口の帰趨が注目される。

五十五年は松永正直（昭23年後期組）が住友信託銀行に顧問として入った。官房担当審議官のあと川口と同じようにIMF理事となって三年半ワシントンにいた。なお五十三年に松井良輔（国際金融局企画課長補佐）が専門嘱託として入ったが、役員としての入行ではないので、その後の記録からは消されている。

次に地方銀行は一五人で、キャリア組は九人、ノンキャリアが六人である。

四十三年は徳宣一郎（昭20年組）が北陸銀行へ、藤原利雄（昭21年組）が北国銀行へ、石井富士雄（ノンキャリア組）が岩手銀行へそれぞれ天下った。徳宣は銀行局特別金融課長から東北財務局長となり、その後国際金融局総務課長になるという変わったコースを歩いた。それから一年たらずで退官、北陸銀行へ行った。もともと富山の出身であったし、銀行としても大蔵省に太いパイプをつけたいと考えていたことであったから、格好の人材であった。専務取締役まで進んだが、五十五年六月取締役顧問に退き、同行が設立した北陸経済研究所を主宰している。徳宣のあとのMOF関係者は目下のところ不在である。

藤原は仙台国税局長を最後に北国銀行入りし、常務から専務取締役となったが、健康を害し常任監査役におりたが、亡くなった。石井は東海財務局理財部長を最後に退官、当初は専務取締役として入ったが、手腕が認められて副頭取となり、ついで頭取となった。東北大学出身の学士だが、高文の資格をとっていないため大蔵省では下積みの仕事が多かった。

四十四年には十六銀行に清二彦（昭18年満洲建国大学卒）、四十五年には広島銀行へ川村博太郎（昭18年組）、四十六年には大阪銀行へ阪上行雄（昭22年前期組）と手嶋広蔵（ノンキャリア組）が佐賀銀行へ、四十七年には筑邦銀行へ宮下敦夫（ノンキャリア組）、四十八年には横浜銀行へ相原三郎（昭23年後期組）、四十九年には武蔵野銀行へ小穴勝太郎（ノンキャリア組）がそれぞれ天下っている。

清は銀行局貯蓄奨励官から十六銀行入りした。大蔵省に残っていれば財務局長にまでなれた人だが、局長になってから民間入りするよりは早いうちに溶け込みたいということで取締役検査部長として入行、現在は常務取締役東京支店長をしている。川村は現役時代もっぱら主税畑を歩き、主税局長への最短コースを歩いていた。しかし国税庁次長となって一年たらずで辞め、広島銀行専務取締役として迎えられた。五十六年に専務を退任、現在は同行の関連会社に出ている。

阪上は大阪の出身、関東信越国税局長で退官、現在は専務取締役をしている。相原は官房審議官を最後に伊原隆（昭6年組）のひきで横浜入りした。伊原は相原夫妻の仲人役をつとめ、同郷出身のよしみも働いていた。現在は常務から専務取締役になった。

五十年以降の天下りをみると、山崎一男（昭23年後期組）が群馬銀行へ、また堀寛（昭24年組）が北海道銀行へ、五十一年は久保忠武（昭26年組）が四国銀行へ、五十二年は藤原重信（昭25年組）が東京都民銀行、野村太郎（ノンキャリア組）が富山銀行へ、五十三年は中国銀行へ額田毅也（昭25年組）が入った。

山崎は官房会計課長から北九州財務局長となり、最後は造幣局長となった。医療金融公庫理事に転出したあと、さきに大蔵省から天下った御代田市郎（昭17年組）が退任した後釜に坐り、現在は専務取締役をしている。

堀は海外経験が長く、初期の頃はソ連に三年、その後五年ほどしてからアメリカに行き、三年の駐在の最後は公使になった。日本に戻ってから横浜税関長・官房審議官をやって道銀に迎えられた。専務取締役から副頭取となっている。久保は広島国税局長で退官、常務取締役として迎えられたが、五十四年六月に専務に昇格、いずれ頭取吉村真一（昭16年前期組）の後継者となることが確実である。藤原は仙台国税局長から日本下水道事業団理事となり天下った。額田も藤原と同期、北九州財務局長を経て関税局担当審議官で退官、中国銀行入りした。モンロー主義といわれた中銀だが、守分頭取が亡くなって女婿があとを継いで経営戦略を変え、人事の純血主義も転換した。現在は常務取締役をしている。野村はノンキャリアながら専務取締役で手腕を発揮している。

都銀・信託に天下った人たち

人事院規則に抵触する人は厳しい審査を受けパスしてはじめて金融機関に再就職するが、政府関係機関に三年、五年と坐り、問題がなくなってから民間銀行入りする人がかなり多い。そういうなかにあって都市銀行の場合、大蔵省出身者を迎えてトップにするという例は極めて少なく、その多くはプロパー出身者がトップとなり、MOF出身者はナンバー2、ナンバー3にとどまる。これは人事の〝純血主義〟ということもあるし、行員の士気、あるいは違和感を排除したいという意識が働いているからかもしれない。だから都市銀行では第一勧業銀行・富士銀行・三菱銀行・住友銀行・三井銀行・大和銀行といったところは、今もって〝純血主義〟を貫いている。

三和銀行はこれまで大蔵省出身者を迎えたことがなかったのに、四十七年十一月、村井七郎（昭16年後期組）を常務取締役に迎え入れて世間をアッと驚かした。村井は四十八年に専務、五十一年に副頭取となり、同行の内紛（？）もあって村井の頭取浮上説も出たが、五十三年十一月非常勤顧問に退き、そのあとは大蔵省から誰も迎えていないところをみると、また〝純血主義〟に帰ったということであろう。

そこへいくと中下位銀行は、大蔵省の息のかかった人を迎えておきたいという傾向がある。そのほうがいろいろの意味で好都合だからである。

協和銀行は人も知る〝日銀銀行〟だが、ここへ五十二年七月、大谷邦夫（昭22年前期組）が常務取締役として迎え入れられた。これについては、安宅産業事件で八〇〇億円もの貸倒れを出したことに対するお目付役だとか、あるいは〝日銀銀行〟に対する大蔵省のくさび打込みだとかいわれた。しかしこれはそう難しい理屈をつけなければならないものではなく、MOF・OBハメ込みポストを少しでも確保したい苦肉の作戦とみたほうが当たっている。頭取の色部義明は五十五年九月に会長に就任、副頭取の中山鉄夫（日銀理事、五十四年六月から同行副頭取）の頭取昇格を決めた。これに伴って大谷も専務に昇格した。

大谷は大蔵省の中でも少ない東北大学の出身、四十年の国債発行のときは国債発行準備室長となり、ついで国債課長となってその手腕を買われた。証券担当審議官を経て最後は日銀政策委員で退官、ＯＢになってからは中小企業金融公庫理事を二年半つとめた。

北海道拓殖銀行は〝大蔵省銀行〟といわれていたが、東条猛猪が頭取から会長に昇格、プロパーの五味彰が頭取になって流れが変わった。東条は三十七年に頭取になり五十二年十月、会長に就任するまで十五年間も君臨してきた。東条の前には広瀬経一（大9年組）がいた。昭和二十年に副頭取として入り、二十二年に頭取に就任、三十七年から五十二年まで会長、その後はずっと相談役をしている。京都大学の出身で、現役時代はあまり目立たなかった。また川口嘉一が専務取締役をしていることはすでにふれた。

太陽神戸銀行も〝大蔵省銀行〟といわれ、会長・頭取・副頭取など、いずれもＭＯＦ・ＯＢによって占められている。太陽銀行（旧日本相互銀行）と神戸銀行が合併したとき、両行のトップにＭＯＦ・ＯＢがいるため、それだけ人数がふえてしまった。河野一之（昭5年組）は太陽銀行頭取だったが、合併して会長となった。主計畑育ちの次官経験者であり、すでにふれた。石野信一（昭10年組）は次官を辞めて二浪のあと神戸銀行頭取となり、合併で新銀行の頭取となった。いまは会長におさまっている。

塩谷忠男（昭16年前期組）は河野に請われて日本相互銀行に入ったが、石野ともウマが合って合併を実現させた。東京商科大学の出身で銀行畑に長く、銀行局総務課長、審議官を経て最後は日銀政策委員で辞めた。

旧神戸銀行側に奥村輝之（昭17年組）がおり、塩谷のあとの頭取が約束されている。ＭＯＦ出身の頭取は奥村までで、あとはプロパーの成長をまつというのが石野の考え方だが、果して先のことはどうなるかわからない。奥村は国際畑育ち、国際金融局長をやったあと輸銀理事をやり、四十七年に神戸銀行入りした。

東京銀行は原純夫（昭9年組）が頭取をしていたが、その後プロパーの横山宗一にバトンタッチした。いまは柏木雄介が頭取をしていることはすでにふれた。原は主税畑の出身で、主税局長から国税庁長官になった。いまは国税庁長官から民間企業に再就職するときは厳しい規則があるが、原のときは退官とともに東銀頭取となっている。八年で会長になり、四年後の五十二年六月に相談役になった。柏木のあとまたＭＯＦ・ＯＢが迎えられるのではないかといわれるが、どうなるか。

埼玉銀行は秋元順朝（昭3年組）が二十四年に副頭取として迎えられた。ところが三十六年にいわゆる武州鉄道事件が起こり、頭取の平沼弥太郎が事件に連座、辞任するという騒ぎになって、秋元が頭取に昇格した。しかし四十二年九月に死去した。そのあとはプロパーの長島恭助が頭取となった。埼銀が地方銀行から都市銀行への格上げを目論んで日銀から松平忠晃、大蔵省からは堀込聡夫の二人を迎え入れ長年の悲願を実現、いずれこの二人の中からやがて頭取が出るかとみられたが、長島は十一年半もその椅子に坐り続け、バトンをプロパーの大木恒四郎に渡した。頭取候補と目された松平は副頭取から会長にまつり上げられ、さらに取締役相談役となり、堀込は不二サッシに送り込まれた。しかし大蔵省からの人材迎え入れがとまったわけではなく、堀込と入れ替りに五十三年六月金子知太郎（昭23年前期組）が常務取締役として入り、五十四年六月には専務取締役に昇格した。金子は官房会計課長から北九州財務局長となり、銀行局検査部長を二年やったあと東京国税局長を最後に退官、医療金融公庫理事を三年近くやって天下った。なお同行副頭取で元武州銀行頭取永田甚之助の御曹子永田武彦は早くから将来の頭取候補といわれたが、五十六年六月退任した。

長期信用銀行・信託銀行の役員には大蔵省出身者は少ない。わずかに日本債券信用銀行の頭取に安川七郎（昭20年組）、中央信託銀行会長に福田久男（昭11年組）がいる。

安川は銀行課時代に日債銀の前身である日本不動産銀行設立に一役買っており、それが機縁で勝田竜夫会長（元大蔵大臣勝田主計の長男、原田熊男の女婿、『重臣たちの昭和史』の著者）に買われたものである。安川は銀行局に六年いたあと証券局総務課長・証券局担当審議官をやり、東京国税局長・日銀政策委員を経て国税庁長官を三年やった。二浪のあと日本不動産銀行副頭取として迎えられ、五十三年十月に頭取になった。戦前の三井物産常務安川雄之助の息子である。

福田は大蔵省の信託分離行政の一環として誕生した中央信託銀行に専務取締役として入った。四十三年副社長、四十五年十二月社長になった。五十四年十一月会長になり、社長の座を関口武士（東海銀行出身）に譲った。五十六年八月、中小企業金融公庫理事の天野可人（昭26年組）を顧問として迎え入れることが決まった。五十七年には専務取締役になる。天野は国金局総務課長のあと駐英公使として三年間滞在、戻ってからは銀行局担当審議官で退官、中小公庫入りした。

なお長期信用銀行、信託銀行には顧問・監査役が幾人か迎えられている。日本興業銀行には細見卓（昭17年組）が顧問をしていたが、海外経済協力基金総裁となったため空席となっていた。しかしアジア開銀総裁吉田太郎一（昭19年組）が退任のあと就任することが決まった。監査役には舟山正吉（昭3年組）がこれまで坐っていたが退任、石原周夫（昭9年組）が就任している。日本長期信用銀行には顧問として稲村光一（昭18年組）がおり、監査役には佐竹浩（昭15年組）がいる。日本債券信用銀行には渡辺誠（昭13年組）が顧問になっている。信託銀行では安田信託銀行が顧問として今永伸二（昭23年新制組）を迎えることを五十六年七月に決めた。いずれ常務取締役に就任する。また住友信託銀行に松永正直が顧問として迎えられたことはすでにふれた。

稲村は細見のあとの財務官で、柏木・細見・松川・佐上と錚々たる国際金融畑の中では控え目で目立たない存在であったが、早くからフランスに大使館勤務で四年三ヵ月、ＯＥＣＤ日本代表部に三年半在勤し、その語学力は大変なものといわれている。

渡辺は大蔵省に入ってすぐソ連の日本大使館勤務を三年半やり、大蔵省の中の数少ないソ連通として知られている。ヴァルガの翻訳をはじめシャー・リフの『戦争と日本経済』（黄土社、昭和二十一年）を和田勇のペンネームで翻訳、当時のマルクス・ボーイを喜ばした。五十四年に『予見の経済学——日本の為替管理』（地域金融研究所）を出している。大蔵省の最後のポストは国際金融局長である。

今永はつい先頃まで駐英公使をしており、この人も海外生活が長かった。スイスから西ドイツと五年九ヵ月外交官生活をやった。今永についてはすでにふれたことがある。

目白押しに並ぶ地方銀行トップ陣

地方銀行は日銀出身者を迎えるケースが多かったが、最近は日銀の地盤沈下とも関連して、大蔵省出身者を迎えるところが多くなっている。もちろん頭取として迎えるのか、将来の頭取候補として重役になってもらうのか、あるいはただの重役としてなるのか、それによってだいぶ変わってくるのであるが、そのあたりの微妙な変化をみながら一瞥してみよう。

北海道銀行は戦後の新設銀行で、現頭取の森鼻武芳（昭16年前期組）は二代目である。初代頭取は島本融（昭2年組）で昭和二十六年三月創立総会を開き発足させた。『銀行生誕』（ダイヤモンド社、昭和三十一年）は銀行づくりの苦しみをソフトタッチでまとめたものである。道銀頭取は四十年五月まで十四年間つとめてから会長となり、四十六年から五十年まで地銀代表の日銀政策委員となり、五十一年五月、心筋硬塞のため死去、七十二歳。日銀理事島本礼一は融の子息である。

森鼻は東京商科大学（現一ツ橋大学）の出身、MOF時代は秘書課長・為替局総務課長をつとめた。しかし本省局長になることなく、関税局担当審議官で辞め道銀入りした。四十二年に頭取に就任、すでに十四年を経過、島本の在任記録に達した。ここには副頭取の堀寛（昭24年組）がいることはすでにみた。いずれバトンは渡されることであろう。

横浜銀行は地銀の中のトップ・バンクで頭取は吉国二郎（昭16年後期組）である。大蔵次官経験の大物で、全国地方銀行協会会長をしている。前頭取伊原隆の懇請を受けて、一浪のあと神奈川経済研究所理事として一年経過後、頭取として迎えられた。これで横浜は伊原の前の吉村成一（昭4年組）以来三代のＭＯＦ・ＯＢ頭取が続いたことになる。吉村は横浜税関長で退官、横浜銀行の前身である横浜興信銀行頭取となった。三十二年に行名を現在の横浜銀行に変えたが、三十七年に亡くなった。伊原は吉村の死去のあとをうけて東京銀行常務取締役から転じた。頭取は十三年に及び、不祥事件などで低調だった業績を地銀ナンバー１に仕上げ、さらに地銀協会長を四期つとめ、地銀界のまとめ役を果たした。五十一年九月、腸狭窄腹膜炎のため六十九歳で亡くなった。横浜にはすでに相原三郎が四十八年に入っていることはすでにふれた。

四国銀行も〝大蔵省銀行〟である。二十九年四月に前野直定（昭4年東大卒、横浜正金銀行から大蔵省に転じ、経済安定本部財政金融局次長を最後に退官、日本開発銀行調査部長をしていた）が頭取として迎えられ、亡くなる四十六年七月まで十七年間君臨していた。四十三年四月に吉村真一が副頭取として入行、前野の死去とともに頭取に昇格した。吉村は主計畑に長く、北九州財務局長をして四十年に退官、東北開発会社理事を三年やって四国銀行に迎えられた。吉村のあとは専務取締役として久保忠武が入っていることはすでにみた。いずれ頭取となることは確実である。

十八銀行も〝大蔵省銀行〟となった。頭取の清島省三（昭9年、満洲国組）は満洲国財政部に入り、終戦で退官、大蔵省には二十二年に入った。経済安定本部財政金融局の各課長をやり、北九州財務局長・経済企画庁審議官で退官、十八銀行には三十一年三月に頭取として迎えられた。それ以来二十五年間の最長不倒記録をもつ。現在副頭取として堀太郎（昭18年組）がおり、いずれはバトンタッチされることになろう。堀は海外経験が長く、ＩＭＦに三年、ニューヨーク総領事として三年、世界銀行理事として三年、合わせて九年もアメリカにいた。世銀を辞めるとき同行理事会に非公開の「離任声明」を提出、マクナマラ総裁の指導性について厳しく批判をしたことが五十一年十一月二十二日のウォール・ストリート・ジャーナル紙に出て有名になった。

〝大蔵省銀行〟ではないが、ＭＯＦ・ＯＢが頭取をしている銀行として、常陽銀行・泉州銀行・八十二銀行・岩手銀行・佐賀銀行があり、頭取を辞めて会長になったところで京都銀行、頭取のまま亡くなったところでは武蔵野銀行がある。

常陽銀行は青鹿明司（昭18年組）が頭取である。前頭取の市田禎蔵（日銀出身、開銀理事から常陽銀行に迎えられ頭取となった）から譲りうけたもの。大蔵省では関税局総務課長をやったこともあり、局長の切符はもっていた。その後茨城県副知事・理財局次長・内閣審議室長をやって退官、常陽銀行の周辺業務である常陽産業開発センター理事長に迎えられ、ついで常陽銀行専務となり副頭取を経て五十年七月頭取となった。茨城県副知事が機縁であった。ここには田中誠（昭28年組）が中途から頭取室長として入行、四十六年に取締役となり、五十三年に常務取締役になった。ＭＯＦ出身ではあるが、プロパー同然の人ともいえる。

泉州銀行は中込達雄（昭19年組）が四十七年五月に副頭取として迎えられ、四十九年十一月に頭取に就任した。ＭＯＦ現役時代は銀行局検査部長をやり、関東財務局長を最後に退官した。日本住宅公団理事を二年やって泉州銀行入りした。やがて大蔵省から後継者を迎えるのではないかとの見方がある。

八十二銀行は小林春男（ノンキャリア組）が五十年十二月に頭取に就任している。小林の場合は、いわゆる〝天下り〟とは違って、三十二年に金融検査官を最後に常任監査役として入ったものだが、その見識、手腕が買われて、本店営業部長・常務取締役・副頭取と栄進していったもので、本人も「私は銀行員になり切っている」といって〝天下り性〟を否定している。したがって、ＭＯＦ・ＯＢのポストが用意できるかどうか微妙である。

岩手銀行は石井富士雄（ノンキャリア組）が頭取になっていることはすでにみた。佐賀銀行は田中稔（昭22年後期組）が頭取をしている。田中は四十一年から会計検査院に出向、四十五年から四十九年六月に辞めるまで第四局長をしていた。その後、動力炉・核燃料開発事業団理事を三年つとめ、五十二年八月、佐賀銀行に顧問として迎えられ、五十三年六月に副頭取に就任、五十五年五月に頭取に就任した。田中がたまたま佐賀県人であることが幸いした人事であった。

京都銀行は栗林四郎（ノンキャリア組）が頭取だったが、五十四年四月に会長に就任、頭取ポストを生え抜きの井上太一副頭取に譲った。ここには松永勇（昭15年組）が地方銀行協会専務理事から迎えられて副頭取をしていたが、栗林のめがねにかなわなかったとみえる。井上の頭取就任とともに松永は取締役相談役となった。その後、ここには中小企業金融公庫理事だった熊谷文雄（昭24年組）が天下った。

武蔵野銀行には飯田良一（昭13年組）が頭取になっていたが、頭取二年目にして亡くなった。大蔵省時代は銀行局特殊金融課長をしたことがあり、内閣審議室長・印刷局長となって退官、その後は国民金融公庫理事をしてから同行専務取締役に迎えられた。四十三年に副頭取に就任、五十二年五月に頭取に就任したばかりだった。後任は日銀から入行した山本勝好副頭取が昇格している。

池田銀行には細川俊三（昭18年組）が会長をしていたが、五十六年三月で退任、その後日本万国博覧会記念協会理事長に就任している。大蔵省は名古屋税関長をつとめたあと四十二年十月に入行、専務取締役となり、四十九年十一月に副頭取、五十五年六月に会長に就任した。ここは二十六年にできた戦後の新設銀行で、初代頭取の清滝幸次郎の女婿である清滝一也が五十六年に二代目頭取に就任している。ここもいまはMOF関係者はいなくなった。

このほか地方銀行にはトップではないが、ナンバー2か3ぐらいのところにMOF出身者をおいているところが多い。目ぼしいところをあげておこう。

千葉銀行は滝田格司（昭18年組）が専務取締役をしている。現役時代は銀行局に長く、名古屋税関長を最後に退官したあとは信託協会専務理事を四年ほどやって、ここの常務取締役に迎えられた。専務就任は五十一年である。東北銀行は戦後の新設銀行だが、日本のチベットといわれる岩手県だけに他の新設銀行に比べると成長力が弱い。ここへ五十三年十二月及川潤一（昭25年組）が常務として迎えられ、五十五年六月専務取締役に就任した。金沢国税局長を最後に退官、中小企業退職金共済事業団理事を経て入行したが、及川自身が岩手の出身であることも幸いした。

関東銀行には上国料巽（昭23年前期組）が五十四年六月に常務として迎えられた。造幣局東京支局長から神戸税関長を最後に退官、軽自動車検査協会理事・中小企業信用保険公庫理事をやって、同行に迎えられた。

滋賀銀行には青山俊（昭16年後期組）が取締役相談役となっている。四十四年に理財局長から銀行局長に横すべりしたものの、青山の母堂の問題で週刊誌がとりあげたことがきっかけで一年足らずで辞めざるをえないことになった不運な人であった。しかし捨てる神あれば拾う神ありで、滋賀の出身の青山を同じ滋賀の出身である西武の堤が骨を拾い、西武都市開発会社の社長になるとともに、四十七年に同行の相談役に、四十八年には取締役相談役になった。銀行行政自由化論の先駆者である。

また足利銀行には柿沼幸一郎（昭16年後期組）が監査役をしている。現役時代は文書課長をしたが、神戸税関長から公正取引委員会に転じ、取引部長から事務局長、理事を経て日銀理事となった。ここへは五十四年六月から監査役として迎えられた。なお山一証券経済研究所顧問もしている。

青森銀行に五十六年常任監査役として就任した猪股正博（昭23年後期組）がいる。猪股は熊本国税局長で退官、公害防止事業団理事をしていた。

なお地方銀行にはキャリアでなく、ノンキャリアと称する人たちが重役陣に迎えられて手腕を振っている。列挙しておこう。

みちのく銀行　河野　慶一（専務取締役）
武蔵野銀行　小穴勝太郎（取締役浦和支店長）
百五銀行　川本　正磨（常務取締役）
三重銀行　箕浦　勝弘（常務・企画部長）
富山銀行　野村　太郎（常務・総務部長）
　清水　敬二（監査役）
鳥取銀行　斉木　紀衛（常務取締役）

筑邦銀行　宮下　敦夫（取締役・企画部長）
親和銀行　志賀　芳夫（取締役・検査第二部長）

相互銀行にも進出するエリートたち

　昔は官僚の威信からいって、中小金融機関はエリートの行くところではないといわれたが、最近はこの分野へもキャリア組がどんどん進出するようになってきた。ノンキャリアの分野にキャリア組が入ってきたということは、それだけ中小金融機関の地位が相対的に向上したことを意味するのか、それともキャリア組の行く道が狭くなってきたのに対応して門口を拡げ出したとみるべきか、微妙なところである。

　まず人事院の年次報告書の四十三年以降五十五年までをみると、相互銀行に天下った人は三八人、信用金庫には一五三人いるが、そのほとんどがノンキャリア組によって占められている。そのうち若干ながらキャリア組が顔をのぞかせている。相互銀行では四十四年に一人、三輪力（昭21年組）が旭相互銀行に入った。父親が社長をしている銀行に天下るという珍しいケースといわれた。当時常務であったが現在は、専務、やがて社長になる。京都大学出身、現役時代は印刷局総務部長時代労組対策に苦労し、最後のポストは東北財務局長であった。

四十六年は五人が相銀入りをしているが、このうちのキャリアは鈴木邦一（昭22年後期組）で大東相互銀行に迎えられている。入行時は専務だったが、四十九年十月に社長になった。大蔵省時代は銀行局検査部管理課長をやったことがあり、最後のポストは大阪税関長であった。

四十七年には五人の天下りのうち、キャリアは二人である。有賀慎一郎（昭24年組）と森本達也（昭25年組）である。有賀は証券局投資信託課長から北陸財務局長をやって退官、東京相互銀行に常務取締役として迎えられた。その後、専務取締役を経て現在は監査役になっている。東京相互銀行は毎日新聞社会部長をしていた男が入行一年八ヵ月で辞め、そこで見聞したことを『週刊新潮』にバクロして話題になったことがあった。金融機関としては異常体質だったわけで、MOF・OBを迎えたことはこれを隠蔽するための人質だったともいわれた。ここへはもう一人のMOF・OB長谷川丈作（昭22年後期組）が五十一年に入った。人事院報告書に出ていないのは、国家公務員法に抵触しないためである。最初は専務取締役であったが、五十三年十二月に副社長となり、五十四年に社長となった。銀行局にいたことがあり、中小金融課課長補佐をしていた。東京税関長を最後にアメリカに行き、五十年に特命全権公使となった。五十一年にアメリカから帰り退官した。

森本は滋賀相互銀行に常務取締役として迎えられた。大蔵省時代は本省の課長をついにやらなかった。国税庁の参事官をやったあと熊本国税不服審判所長となって退官、ただちに入行した。検査部長を担当している。

四十八年はおらず、四十九年に三人、うちキャリアは一人、青山保光（昭22年前期組）が第一相互銀行に迎えられた。この銀行は三十一年に導入預金問題で倒産寸前まで行き、業界が相互保障協定を発動して支援態勢をとり、相互銀行協会専務理事の島崎政勇が社長となって再建工作に当たり、苦節十年にして漸く復配に漕ぎつけた。その間、島崎のあとを筆頭株主の日本相互銀行より入った館内四郎常務が社長となり、同社長の要請で青山は専務として入行、五十一年一月に社長となった。銀行局特殊金融課時代に相互銀行法・信用金庫法を手がけ、中小金融機関行政にかけてはベテラン。四十五年の万国博には万博協会財務部長としてウラ方をつとめ、大変な黒字を残した。印刷局長を最後に退官、医療金融公庫理事をしていた。元次官松隈秀雄（大10年組）の女婿である。

五十年に一人、五十一年に四人、五十二年に四人、五十三年に一人、五十四年に三人、といずれもノンキャリア組が天下っているが、五十五年になると一挙に八人、（うち一人は相銀住宅ローンへの入社）そのうちキャリア組は一人、青木英世（昭27年組）で徳陽相互銀行専務取締役として迎えられている。官房会計課長から岩手県副知事となり、中二階に戻ったときは関税局担当審議官で、五十五年に退官した。ここは五十四年に簿外保証を出して問題になった。大光相互銀行が先に同じ問題を起こしたとき、社長の早坂順一郎は相互銀行協会長をしていたが、「このようなやり口は大光だけのもので、外の相銀も同じようなことをしているとみられたのでは迷惑だ」と発言したものだ。ところがその舌の根も乾かぬうちに自分のところが同じ問題を起こしたのだから責任問題に発展した。しかし相互銀行の商号返上問題を片づけないで会長の坐は降りられないと頑張ったが、ついに辞めざるをえなくなった。この事件の決着がついた段階で社長の座を息子で副社長の早坂啓に譲り（五十五年一月）、体質改善に取り組むことになったが、大蔵省の指導も仰ぐということで青木が迎えられたというわけだ。なお順一郎会長は五十六年一月に失意のうちに亡くなった。

相互銀行には人事院への届出の必要がないMOF・OBで、キャリア組が幾人か役員になっている。

まず大生相互銀行に入った前田文雄（昭23年後期組）がいる。税務畑に長く、国税庁徴収部管理課長から印刷局総務部長となり、二年後に税務大学校長となり退官、水資源開発公庫理事をしていた。五十三年六月、専務取締役として迎えられたが、五十四年、上田清社長が辞任し、前田ははからずも社長に昇格した。ここは大光相互銀行と同じ「T」と名のつく問題銀行と一般にいわれ、六十歳にならない上田社長が代表権のない会長になったことからいろいろと憶測を呼んだ。同行の霞ヶ関支店（川越市）の「三億円不正融資事件」（朝日新聞、五十四年一月八日付）が発火点となって「幹部と組合が結束して退陣要求をつきつけ……このクーデター騒ぎで上田体制が崩れた」（『週刊新潮』五十四年六月七日号）ということだ。前田のMOF出身者であることが幸いして渦中の人にならずに済んだといえるようだ。

九州相互銀行の宮川国生（昭19年組）も人事院報告書には出ていない。大蔵省は管財畑が長く、国税庁総務課長をやったあと関東信越国税局長となり、税務大学校長のあと造幣局長をやって退官、その後は海外技術協力事業団理事を三年ばかりやったので、国家公務員法には抵触しないわけである。

ここもひと頃は労使紛争に明け暮れるという問題銀行であったが、前社長の秦設爾の手で改善されて業績が好転した。たまたま四十五年に北九州相互銀行大合同構想が打ちあげられ、福岡相互・正金相互・九州相互・佐賀相互・豊和相互の各行に話が持ちかけられ、これには福岡・正金・九州のトップは賛成、他の相銀は渋った。ところが正金・九州の組合が反対したため、結局お流れとなり、このあおりで正金相互の経営者は責任をとらされ、九州相互の秦社長は退陣する騒ぎとなった。九州相互は社長の後任難から宮川がかつぎ出され、四十八年四月に社長に就任した。佐世保重工問題を抱えている佐世保市に本店があるだけに苦労を重ねている。なおここには五十五年七月に、吉田親雄（ノンキャリア組）が入行、社長室長として宮川を補佐している。

四十九年十月、東陽相互銀行社長に就任した田村毅陸（昭13年組）もキャリア組である。ここも経営内紛から労使紛争に発展、地元茨城県下妻市長が社長を兼務するという異常事態になったことから、大蔵省としても黙視できなくなり、四十八年に田村を起用、経営者不在の状況からやっと脱出することになった。ここには五十四年に田植嘉彦（ノンキャリア組）が取締役として入行、経理部長をしている。

神奈川相互銀行の社長に就任した小熊孝次（昭16年後期組）は、前社長の半田剛（昭16年前期組）の死去で、五十二年十二月、後釜に迎えられた。半田が社長になったのは四十五年五月で、五十二年十月脳血栓で死去したときはまだ六十一歳の働きざかりであった。小熊は主計局が長かったが、東京税関長から会計検査院に転じ、最後は事務局次長にまで行き四十六年に辞めた。その後は住宅金融公庫理事、副総裁をやっていた。ここには清水道雄（ノンキャリア組）が四十七年に取締役で入っており、現在は常務取締役をしている。

昭和四十三年以前に相互銀行業界に入ったのでは第三相互銀行社長になった三浦道義（昭16年後期組）がいる。当時としてはキャリア組が相互銀行に天下るのは異例のことであったが、第三相互銀行が異例の事態を惹き起こしてのやむをえない措置でもあった。三十七～八年に役員間の内紛が発生して告訴騒ぎにまで発展、事態を重視した県当局、大蔵省財務局が仲に入って、当時の経営幹部は引責辞職、代って大蔵省・日銀からトップを迎えることになった。このとき大蔵省から三浦が社長に、日銀からは名古屋支店文書課長の菊池信也が副社長となって経営再建に乗り出し、今では着実に業績を挙げるまでになった。三浦は管財局総務課長をやり、札幌国税局長から中二階では国税庁徴収部長まで進んだ。残っていればもう少しいいポストまで行く人だった。しかし第三相互銀行に転進して再建に成功、業績を伸ばした手腕は評価されている。

国民相互銀行の松田文蔵（昭9年組）も古いMOF出身者である。神戸税関長を最後に退官、国民金融公庫理事のあと東急系列の建設会社の常務をやり、四十年に国民相互銀行の社長になった。五十四年の役員会で相談役に退き、三和銀行出身の坂口昇次副社長が昇格した。ここには市橋利明（ノンキャリア組）が取締役検査部長をしている。銀行局貯蓄奨励官で退官した。

問題銀行であった大光相互銀行には大石幸一（昭26年組）が社長に迎えられた。駒形十吉が社長の時代に娘婿の斉専務（ひとし）がクーデターで十吉社長を会長に棚上げして経営を支配、ワンマン体制で積極経営に乗り出した。ところが土地ブームが鎮静化し経済が減速化してくると不動産融資がこげつきになり、しかも簿外保証までやるという背任行為も加わって、社会問題にまでなった。そこでさきに専務をしていた大塚俊二（昭22年後期組）が社長に昇格して後始末をするのだが、大蔵省の特別検査で多額の簿外保証をやっていることがわかって、大塚は責任をとって五十四年六月に辞めた。後任社長は支援銀行がやけどを恐れてなり手を出さなかったため、大蔵省から大石が迎えられたというわけである。大石は五十年に中国財務局を最後にOBとなり、研究開発型企業育成センター理事をしていた。一方の大塚は社長をやめたあと、再建のためにしばらく常任顧問をしていたが、現在は日本専売公社の監事をしている。

ときわ相互銀行には平井廸郎（昭19年組）が五十六年五月に社長となった。平井は主計局次長から行政管理庁に転出、行政管理局長から次官になった。二浪のあと四十九年に国民金融公庫副総理に就任、五十五年七月に顧問としてときわ入り、十二月に副社長となったばかりである。当初から社長含みということであった。次官経験者が中小金融機関に天下ったのでは河野一之が日本相互銀行に入った例がある。日本相互銀行は別格とみられていたが、それでも河野の天下りは異例の人事といわれた。しかし日本相互が太陽銀行となり神戸銀行と合併して太陽神戸銀行になってみると〝なるほど〟とうなずけるものがあるわけである。それと同じで平井の場合、何か含みがあるのではないかとみる向きもある。それかあらぬか、同じ相互銀行で平和・国民・ときわのトリプル合併説があり、それが実現すると普銀転換の可能性も出てくることになり、その暁には晴れて〝頭取〟になれるというのである。だが果してそう問屋が卸してくれるかどうか。

社長でないが、ナンバー2にいる人で幸福相互銀行副社長の長谷井輝夫（昭16年後期組）がいる。東京商科大学の出身で、銀行局時代に相互銀行法・信用金庫法の制定を手がけた。大阪税関長を最後に三十八年十二月に退官、三十九年に同行の専務取締役として迎えられた。本人はトップに立とうという気はさらさらなく、いまのポストをけっこう楽しんでいる。

また昨年暮に兵庫相互銀行専務になった谷口昇（昭25年組）は、五十三年に国税庁次長を最後に退官、住宅金融公庫理事をしていた。ここは長谷川寛雄社長が相銀協会長をしていたが、五十六年五月に協会長を辞任、また五十二年十一月に日銀考査局長をしていた伊藤豊輝（昭21年日銀入行）が専務として迎えられ、五十五年十二月から副社長をしており、近く社長に就任する。

中央相互銀行には村井国彦（昭19年組）、加藤孝（昭28年旧制組）の二人がいる。村井は仙台国税局長をしたあと国税庁徴収部長をして退官、公団・事業団の理事をし、五十年九月に常務取締役として迎えられた。加藤は大蔵省には珍しい早稲田の大学院卒業である。五十五年六月北陸財務局長で退官、いま取締役東京支店長をしている。

相互銀行には大蔵省出身でもノンキャリア組が非常に多く、重役になっている人はかなり多い。社長になった人では栃木相互銀行の阿部鶴吉（東北財務局福島財務部長）、山陽相互銀行の前田勇（中国財務局現財部長）、西日本相互銀行の大村武彦（北九州財務局金融課長）らがおり、異彩を放っている。また社長の座から降りた人では茨城相互銀行の勢一正美（せいいち）（東北財務局長）がいる。なおここには松本久男（昭26年組）が常務として迎えられている。五十五年に専務で退任した岩佐亨（ノンキャリア組）の後釜に坐った形である。

このほか、重役陣に名を連ねている人たちを列挙しておこう。

秋田相互銀行　常務　稲見　嘉保（銀行局銀行課課長補佐）
大阪相互銀行　監査役　直江　正之（銀行局金融検査官）
長野相互銀行　常務　篠原　才勝（銀行局金融検査官）
九州相互銀行（退任）　松尾　虎夫（四国財務局理財部長）
中部相互銀行　常務　義沢　明（関東財務局管財第一部長）
殖産相互銀行（退任）　今野　俊一（財務考査管理官）
静岡相互銀行　常務　加藤　英郎（北陸財務局総務部長）
福岡相互銀行　常務　小山　泰（貯蓄奨励官）
北海道相互銀行常務　畠　京三（銀行局総務課課長補佐）
肥後相互銀行（退任）　納富　計（北九州財務局管財部長）
肥後相互銀行　取締役　片山　拓郎（銀行局金融財務局）
松江相互銀行（退任）　岩佐　隆（中国財務局人事課長）

福島相互銀行　副社長　唐木田　穰（札幌国税局長）
福島相互銀行　顧問　荒関　忠良（北海道財務局総務部長）
神奈川相互銀行（退任）清水　道雄（関東財務局首席監察官）
中京相互銀行　取締役　広田　信次（銀行局金融検査官）
佐賀相互銀行（退任）満生　茂（近畿財務局大津財務部）
佐賀相互銀行　取締役　吉元　徹郎（東北財務局総務部長）
香川相互銀行　監査役　中西　一雄（北陸財務局総務部長）
茨城相互銀行（退任）岩佐　亨（四国財務局長）
豊和相互銀行　常務　日小田正和（北九州財務局佐賀財務部長）
福井相互銀行　常務　前川　明伸（銀行局金融検査官）
富山相互銀行　常務　猪熊　久典（銀行局金融検査官）
京都相互銀行　常務　青井　勝豊（銀行局上席金融検査官）
正金相互銀行　取締役　安藤　和徳（銀行局金融検査官）
大正相互銀行　取締役　越智　重良（銀行局金融検査官）
平和相互銀行　専務　保家　茂正（北陸財務局長）
平和相互銀行　取締役　平田　治夫（銀行局金融検査官）

東陽相互銀行　取締役　田植　嘉彦（東海財務局取引所監査官）
岐阜相互銀行　取締役　後藤　良三（東海財務局人事課長）
呉相互銀行　取締役　梶田　博一（北海道財務局理財部長）
振興相互銀行　取締役　松本　亘司（南九州財務局長）

信用金庫はノンキャリ分野というが

信用金庫へのＭＯＦ天下り組は四十三年から五十五年までの十三年間に一五三人いるなかで、キャリア組は四十六年に山崎桓三郎（昭22年後期組）が川崎信用金庫に、四十八年に竹本浩（昭24年組）が横浜信用金庫に、五十一年に海田久義（昭27年組）が碧海信用金庫にそれぞれ天下り、専務理事となっている。このほか報告書に記載されていないキャリア組として、森岡謹一郎（昭7年組）・天野四郎（昭15年組）・松木孝道（昭16年前期組）・丸山幸一（昭21年組）・斉藤精之助（昭26年組）らがいる。

山崎は中国財務局長を最後に退官、ただちに川崎信金専務理事になり、三年後の四十九年に理事長に就任した。しかし五十四年十月、金庫内の不始末の責任をとって辞めた。竹本は東大を二十三年に卒業して復興金融金庫に入ったが、二十四年に国家公務員試験を受けて大蔵省に入り直した変り種である。印刷局総務部長兼印刷局長心得を最後に退官、横浜信金は専務理事として入り、四年後の五十二年に理事長に就任した。川崎信金とは同じ神奈川県下にあって地盤も隣接しており、問題のあった金融機関だったが、いまでは双方とも格好のライバルになっている。海田は大蔵省時代あまり陽の当たるところを歩いておらず、門司税関長を一年やって退官、ただちに碧海信金入りをし、専務理事となっている。愛知県出身という関係も手伝っていたようである。

森岡はもとからのMOF出身ではなく、関東庁の人であった。戦後日本に帰って大蔵省に入り、中国財務局長を最後に退官、全国信用金庫連合会常務理事となり、五年後に専務理事となって十年間つとめた。その後、東京都内の下町にある共積信用金庫理事長におさまった。規模としては小さいところだが、一国一城の主として頑張っている。

天野は昭和十五年に東大を卒業、日本興業銀行に入ったが、高等文官試験に合格して大蔵省に入り直した。正確にいえば十七年入省ということになるが、「卒業年次別学士名簿」には、十五年として登録されている。銀行局検査部管理課長・国税庁会計課長などを経てインド大使館勤務をし、財務調査官で退官した。静岡信用金庫理事長になったのは四十三年で、足かけ十六年もつとめ、経営の建て直しに大きく寄与した。天野の場合、天下りというよりは、オーナー経営者同然の異色の存在で、業界の大きな顔になっている。

松木は高等文官試験の合格者だが朝鮮総督府に入った人で、大蔵省は戦後に入った。北海道財務局長を最後に退官、四十九年に西武信用金庫専務理事として迎えられた。

丸山は名古屋税関長を最後に退官、四十四年から五十二年まで年金福祉事業団理事をしていた。五十三年に豊橋信用金庫常務理事となったが、規模のかなり小さい金融機関だけにいかにして業績を伸ばすかが問題である。

斉藤は東大でも経済学部商学科の出身、本省ではついに課長ポストを歩かず、最後のポストは北海道財務局長であった。四十九年にコンチネンタル・リース会社の社長となったが、一期で辞任、その後五十一年十二月、大生相互銀行の専務取締役として迎えられたが、ワンマン社長の上田清と合わず辞めた。五十三年に東京信用金庫理事長に就任した。東京信金といえば大蔵省の〝危ない金庫〟リストにのった問題信金で、五十年に大蔵省検査欺罔事件五十二年には暴力団への不正融資事件を起こすなど、多くの不祥事件を起こし、国会でも再三にわたって浅野文彰会長の乱脈ぶりが問題視されたところ。斉藤はこのワンマン会長のもとで人質同然の状態にあったといわれた。しかし五十六年五月末に開かれた総代会で浅野を会長の座から引きおろし、斉藤が実権を握った。

このほかノンキャリア組で理事長になっているところとして、神田信金（清水好二郎）・武蔵野信金（杉之尾幸平）・荒川信金（加納菊男）・青木信金（山口義光）・甲府信金（斉藤勤）・伊那信金（米山正夫）・桐生中央信金（中村正一）・伏見信用金庫（川原陸郎）・米子信用金庫（藤原孝太）などがあげられる。

また金融機関ではあるが、大蔵省の監督下にあるわけではない消費者金融界大手の武富士に大蔵官僚がスカウトされて話題になったことを記録しておく必要がある。この人は竹腰洋一（昭23年後期組）で、京大の出身、四十四年に主税局国際租税課長を最後に大蔵省を辞め、日本REI支配人・同副社長・日本OCRセンター社長などを経て武富士の武井保雄社長に迎えられたもの。いわゆるサラ金へのMOFキャリア組が入ったのではこれが初めてである。サラ金トップの武富士としては、いずれ消費者金融が法的に認知されることを前提に、その際に大蔵省の直接的監督の傘の中に入る準備として人的布石を打ったものといわれている。いずれにしても、以前ではキャリア組の再就職としては考えられなかったルートで、大蔵省としては内心苦い顔をしているかもしれない。

もう一つのサラ金中堅会社ヤタガイクレジットに常務として松本満洲治が迎えられている。松本は五十六年九月まで大蔵省国際金融局投資第一課の課長補佐をしており、ノンキャリア組だが現役の大蔵官僚の転進として話題になった。

終章　大蔵官僚はどこへ行く

世界の優等生といわれる日本

ひところ大蔵官僚の〝地盤沈下〟〝沈没〟といわれたが、それは本当なのだろうか。それからしばらくして大蔵官僚の〝復権〟〝復讐〟といった言葉も現われた。地盤沈下、沈没に対応して旧の如く取り戻そうという意味でいわれるのであろうが、復権というほどに沈没があったのだろうか、また復讐はできたのだろうか。

たしかにニクソン・ショックのとき日本の政策当局がとった対応は、大変な誤りを犯したといわれる。そのあと過剰流動性を吸収するために金融引締めをすべきであったが、円切りデフレ論に畏怖し日本列島改造論に乗って逆に大変な積極政策をあおり立てたものだ。その結果は株価が急騰し、地価も際限なく上昇し、ついにはモノの買占めによる人為的な価格騰貴をひき起こした。さらに四十八年秋のオイル・ショックが加わって〝狂乱物価〟といわれるほどの事態を招来した。

このとき急逝した愛知揆一（昭6年組）に代って大蔵大臣になった福田赳夫（昭4年組）

は、日本経済は「全治三年の重症」といったが、実際には全治五年を要し、漸くにして経済は立直ったとはいえ、往年の如き高度成長は二度とやってこなかったのである。

そういう状況にある日本経済ではあるが、世界経済全体の中からみると、日本は世界の優等生であり、いまやGNP世界第二位の経済大国になったということも否定できない事実である。日本経済をここまで引っ張ってきたのは誰かといえば、一方では民間の活力であり、他方で官僚の適切な誘導があったからこそである。もし官僚の適切な誘導がなければ、「千載一遇の好機」と称して、民間資本の勝手な横暴を許し、あの狂乱物価のもとにあった日本経済を大変な混乱に陥し入れ、大きな社会不安にさらすことになったであろう。あるいはニクソン・ショック時に政策の選択の誤りがあったとはいえ、次の政策の選択に対しては迷うことなく、アメリカの無謀な要求をしりぞけ、敢然と変動相場制に踏み切ったのは、民間ではなしえなかった官僚の智恵であったろう。それはかつてのいまわしい経験を〝高価な授業料〟を払ったものとして受け止めるだけの冷静な反省があったからである。

あるいはこれはひとり大蔵官僚のよくするところではなく、日本経済全体がそういう対応を可能とする活力をもっていたということであるかもしれない。

戦後三十六年を経過して、いま考えるべきことは、植民地をもたない島国だけの日本が一億一〇〇〇万人の人間を抱えて、戦争をまったく経験することなく世界の経済大国になったという事実である。明治三十七、八年戦役――日露戦争が終ったときも、しばらくは「戦後」といわれたが、そのときから数えて三十六年目というのは昭和十五年に相当する。その間に日本は、第一次世界大戦・満洲事変・日中戦争と、その翌年には太平洋戦争に突込み、まさしく戦争の連続であり、また昭和恐慌によって痛めつけられ、国民生活はきわめて貧しかったといってよい。資源の乏しい日本は植民地を獲得しなければ、一億日本人の活きる道はないといった経済哲学の下では、それなりの政策選択しかできなかったのであろうか。

ところがそれがまったくの誤りであったことは、戦後の三十六年が実証した。そして戦後の経済過程は、そういう高度成長政策の壮大な実験に成功したということではなかったのか。その実験にたずさわったのが、ほかならぬ池田勇人（大14年組）であり、その理論的支柱となったのが下村治（昭9年組）であり、それをプロモートしたのが大蔵官僚であった。

戦後政治をリードした大蔵官僚

日本が近代国家として成立して百十数年になるが、太平洋戦争に敗けて政治制度が大きく変革させられるなかで、大蔵省ほど傷の受け方が少なくて済んだ官庁は少ないのではないか。

大蔵省と並んで役人を目指すエリートたちの目標であった内務省は、戦後占領軍によって解体されてしまった。その後旧内務官僚が文字通り〝復権〟を目指して、行政委員会組織を自治庁に仕立て、さらに自治省へと昇格させたが、往年の旧内務省の権力には及びもつかない。通商産業省・農林水産省も呼称が幾度か変わった。法務省も司法省から変わった。外務省と文部省が変わらなかったのは、GHQが日本の占領統治の上で外務官僚を使うことが得策であると考えたこと、また日本を軍国主義から文化国家に衣替えさせるために軍国主義的教科書の抹殺はしたが、文部省を解体するほどの野蛮なことはしなかったということであろう。

戦後GHQの指令による公職追放者は約二〇万人を数え、そのうち官界の追放者は一八〇〇人であるが、大蔵官僚はわずかに九人にとどまったという。このことは戦後の政治過程の中での大蔵省および大蔵官僚の位置を雄弁に物語るものといっていい。

大蔵官僚の戦後三十数年の歴史の中で、大蔵大臣となった大蔵官僚は幾人かいるが、そのなかで池田勇人と福田赳夫の二人が四分の一の約十年近くを占め、その後は二人とも内閣総理大臣になった。福田のあとはこれまた大蔵官僚の大平正芳（昭11年組）が内閣総理大臣になった。吉田茂から大平正芳まで自民党系内閣の首相は一〇人を数えるなかで、党人政治家は鳩山一郎・石橋湛山・田中角栄・三木武夫の四人で、残り六人は官僚政治家である。そのうちの三人が前記ＭＯＦ出身であるということは、今日の政治の実態を如実に物語っている。

ところが七〇年代に入ると与野党伯仲の状況が生れ、また経済面では高度成長から減速経済への移行を余儀なくされるようになってきて、官僚たちの対応のまずさが目立ってきた。これは、大蔵官僚のみならず、経済官僚に共通の現象といっていい。しかも政権政党である自民党の国会運営能力が著しく低下し、大蔵官僚の予算原案が国会で修正されるような事態を迎え、さらに公費天国といわれるような公団・事業団の乱脈不正経理が表面化し、大蔵官僚がその接待にあずかっていることが明るみに出るに及んで、大蔵官僚としては頭の痛いことになったといえる。

財政再建の課題を抱えて大平内閣は一般消費税を打ち出したが国民の拒絶反応にあい、五十四年十月総選挙では選挙戦術のまずさも手伝って大敗を喫した。選挙にのぞんで増税などをいい出すのは拙劣だといわれた。やはり官僚出身の正直さから出たことなのか、それとも長年の政権政党としての驕りがあったのではないかとも批判された。その結果、自民党内の〝四十日戦争〟といわれる内紛が起こり、それに輪をかけてＫＤＤ問題、浜田議員のラスベガス賭博事件が相次いで起こり、内閣不信任案可決というハプニングから、大平内閣は衆議院を解散、さきの総選挙から一年もたたない五十五年六月に衆参両院同時選挙が行なわれた。ところが、この選挙戦のさなかに大平首相が急逝するのである。

これが選挙戦にどう作用するかが注目されたが、衆議院は二八四議席と、解散時の二五八議席より二六議席の増、さらに無所属から二人入党したので二八六議席と圧倒的な勝利をもたらすことになった。参議院のほうも六一議席確保できれば上々といわれていたが、地方区四八議席、全国区二一議席、合わせて六九議席となり、非改選を加えた合計では一三五議席と、これまた過半数の一二六を越し、ここでも安全帯を確保することになった。

かくして、大蔵官僚出身の大平正芳は死んだが、その死によって保守支持層の投票を駈り立て、自民党は与野党伯仲の不安定な状態から、安定的単独政権党へまた戻ることに成功した。こうなってくると、大蔵官僚は『財政再建が可能だ』と喜色満面の顔をする。事実、鈴木内閣の蔵相渡辺美智雄は大蔵官僚の振りつけ通りに動き、財政危機のPRに奔走している。また鈴木内閣は政治生命をかけて行政改革に取り組むと言明し、大蔵官僚はその背後にあって、目を光らしている。いままで〝地盤沈下〟〝沈没〟などと大騒ぎしたが、その実は景気の移り変わりの波のようなもので、目先のちょっとした浮き沈みを現代ジャーナリズムが誇張してつけた造語であって、大げさにいうほどのことはなかったのである。

財政再建の主導権を握って行けるのか

日本経済が経済大国といわれるまでになったいま、経済官僚はいろいろの意味でこれからのいき方に迷いが起こっている。農政官僚はかつては小農即貧農といわれた弱い者を守る使命感をもっていたが、いまやその小農が兼業で経済的な力を持つに至ってはその使命感が崩れ去ってしまった。経済大国になった日本は、国際的視野に立った農政を考えなければならないとき、生産者のことばかり考える農政では早晩行きづまることは目にみえている。そこで農政官僚は政治の渦中にあって翻弄される。

通産官僚とて同じことだ。世界的に有名になった「ノートリアス・ミティ」(悪名高き通産省)が、自由化、国際化されたなかにあってどこへ行こうとするのか、通産省の地盤沈下は大蔵省以上にひどいといえるかもしれない。

大蔵官僚にも同じ迷いがある。高度成長に伴う租税の自然増収が続いた間は「政府の中の政府」として君臨できたが、いまや先進国にも例をみないほどの巨額の赤字を抱えて、国の金庫はまさに火の車である。大蔵省は借金財政からの脱却が急務となっている。しかし欧米先進国なみの社会保障制度・教育制度を実行したことがいまでは足かせになって、財政再建をきわめて難しくしている。大蔵省は行政サービスの低下を覚悟してということだろうが、国民は官庁・政府関係機関の無駄を排除すべきだと主張する。行政改革が大きな課題になってきているのはそのためだ。経済全体が減量経済への対応を急がなければならないとき、民間はいち早くそれに成功したが、政府・公共部門はそれへの対応が適切に行なわれていない。それのみか「公費天国」「乱脈経理」がつぎつぎとあばかれる始末である。これでは戦後三十六年を経過して、せっかくここまで来た日本経済が重大なかなえの軽重を問われることになる。大蔵官僚の誇りにかけてもこの重大な時期を乗り切ることが要請されよう。

五十六年度異動で高橋元（昭24年組）が次官となり、主計局長の松下康雄（昭25年組）、官房長の山口光秀（昭26年組）は留任し、この組合せによる陣容は財政再建の課題に応える最強の布陣と期待されているが、しかし、彼らだけで解決できるものではない。この重大な課題は高橋・松下・山口らがOBとなり、さらに二十七年組・二十八年組・二十九年組も卒業して、三十年組以降の連中が次官・主計局長になるあたりまで引き継がれることになることは確実である。このころになると国債発行残高は一一〇兆円を越し、新規の国債発行額は一〇兆円を切ることに成功したとしても、償還期限の到来する過去の国債をどう処理するかという問題を抱えることになる。四十年代、五十年代に発行した国債のツケをこの時期に処理することになるのだが、このときの大蔵官僚は先輩たちの尻を拭うために頭の痛い思いすることになろう。このとき大蔵官僚は政策の主導権を果して握れるだろうか。政治の世界に飛び込んだ若手大蔵官僚は、池田・福田・大平に続いて、日本の政治のイニシャティブを握って行けるのだろうか。財政再建の道はきわめて厳しいものがあるといわねばならない。

あとがき

　私はかつて週刊『金融財政事情』の編集にたずさわった関係で、大蔵省や金融機関に出入りすることが日課になっていた。なかでも大蔵省は週の半分は確実に通った。私は取材をするということは、長年の経験から相手に自分の顔を覚えてもらうこと、また自分も相手の顔を覚えるということを学んだものだが、その甲斐（？）あってか大蔵省の大勢の人の顔を覚えることができた。その人たちが一定の年月を経てポストがクルクル変わり、あるいは偉くなり、ある時期がくるとOBになって政府関係機関や民間に転出するようになる。そしてその人たちの行方を追跡して行くうちに、なにかある種のパターンがあるようにみえてきた。

　そこで昔はどうだったのかということにも関心が動くようになって、大蔵官僚について書いたものを探してみるといろいろあることがわかった。やはり大蔵官僚というのは、活字の対象になりやすい存在であるということもわかってきた。ただ先人の書いたものをみると、特定の官僚のやってきた業績を論じながら人物評を行うというやり方と、いまひとつは、主計・主税・理財・銀行・証券・関税・国際金融（かつては為替）の各局が抱えている課題とそれに取り組む顔ぶれをとりあげて大蔵省論をやるという行き方に分けられるようである。

これと同じやり方で大蔵官僚論をやっても二番煎じになるし、それならば私よりもっと適任の人がおられるはずである。むしろあまり人がやらない大蔵官僚論をやってみたいと思って、私なりにまとめたのが先著『大蔵官僚の系譜――華麗なるエリート群像』(昭和五十四年)である。この本を上梓したときは、大蔵官僚にとって不幸な時期に遭遇していた。鉄建公団の乱脈不正経理が表沙汰になり、官僚の天下り人事が云々され、さらに〝公費天国〟が問題化し、雑誌・本は大蔵官僚ものが氾濫し、本書もそれらと同じ類書とみられる嫌いがあった。しかし読んでもらってみると、十年二十年の蓄積なしにはできあがらない代物ということもわかってもらえて、一応の評価をいただいたことは私にとって望外の幸せであった。

それから二年経過して、大蔵省の主(ぬし)は長岡実(昭22年後期組)から田中敬(昭23年後期組)を経て高橋元(昭24年組)へと変わった。国税庁長官・財務官はもとより局長級の連中も総入替えに近い変り方をしている。OBになった人たちも、それなりのローテーションで大幅に動いている。なかには鬼籍に入った人も少なくない。

政界は五十四年十月に自民党が惨敗を喫して、与野党伯仲の状況は今後さらにひどくなるかとみられたが、五十五年六月の衆参同時選挙では大平総理の急逝というハプニングも手伝って自民党が圧勝した。また若手大蔵官僚も進出して新旧の交替もそれなりに進んだように見受けられる。

そこで旧著を手直ししたいと思っている矢先に潮文社のお勧めもあって本書の上梓をみたことは私としては願ってもない機会であった。ただ本書のタイトルが『大蔵官僚の秘密』といかにも思わせぶったような印象を与えているが、別に秘密めいたものではない。ただ大蔵官僚人事の人に知られていない面に手をつけたという程度のものである。

前著のときもそうだったが、今回新しく書きおろしてみ、ところどころ舌足らずのところや、上滑りの点、あるいは欠落させてしまったことなど、不備な点あるいは失礼にわたる段などはお許しいただき、ご叱声、ご教示をいただいて、他日さらに完全なものにいたしたいと考えている（なお文中は敬称を省略させていただいた）。

昭和五十六年十一月

高本　光雄

人 名 索 引

大蔵官僚の秘密

張り巡らされた人脈と出世レース

高本光雄（たかもと・みつお）
昭和3年2月埼玉県生れ。25年4月社団法人金融財政事情研究会設立とともに入社。週刊『金融財政事情』編集長，同研究会出版事業部長・理事を経て現在同研究会常務理事。著書は『日本経済の常識』（共著，日本評論社，昭51，54），『大蔵官僚の系譜』（日本書籍，昭54），『戦後金融財政裏面史』（編著，金融財政事情研究会，昭55）。

昭和57年1月30日第1刷発行　©　定価980円

著者　高本光雄
発行者　小島米雄
印刷所　図書印刷株式会社

〒162
発行所　東京都新宿区市谷田町2—31　電話東京（267）7181（代表）　振替・東京4—69107　株式会社　潮文社

落丁本・乱丁本はおとりかえします　（製本・図書印刷）

ISBN4—8063—1100—6　C0031　¥980E